Marco Aldinger

Die Erschaffung des Mannes

W0012076

Marco Aldinger

Die Erschaffung des Mannes

und andere Geschichten
für die kleine Erleuchtung

HERDER

FREIBURG · BASEL · WIEN

Titel der Originalausgabe: Ko(s)misches Bewusstsein.
Humorvolle Weisheit & spirituell-religiöser Witz
© Verlag Marco Aldinger, Heuweiler 2004

© Verlag Herder GmbH, Freiburg im Breisgau 2008
Alle Rechte vorbehalten
www.herder.de

Umschlagkonzeption und -gestaltung:
R · M · E München/Roland Eschlbeck, Liana Tuchel
Umschlagmotiv: © Corbis

Satz: Dtp-Satzservice Peter Huber, Freiburg
Herstellung: fgb · freiburger graphische betriebe
www.fgb.de

Gedruckt auf umweltfreundlichem,
chlorfrei gebleichtem Papier
Printed in Germany

ISBN 978-3-451-07074-7

Inhalt

Dreiklang

In Anlehnung an Pythagoras teilt sich das Buch in drei Kapitel:

Erstes Kapitel: Geburt
– Die Geburt/Präparation bedeutet: sich vorbereiten, öffnen; verfügbar, empfänglich werden; nicht nur intellektuell an der Wahrheit interessiert, sondern der Suche verpflichtet sein. Erst die Neugier, dann die Sehnsucht, schließlich das unbedingte, totale Verlangen nach Wahrheit … Nur so wirst du bereit, die Schmerzen der Läuterung auf dich zu nehmen.

Zweites Kapitel: Tod
– Der Tod/Purifikation bedeutet: Läuterung. Lass alles fallen, was du glaubst zu wissen. „Schlag dir den Kopf ab!", empfahl Rumi. Lass alle Masken fallen, werde leer. Du musst alles opfern. Lass los und dann lass das Loslassen los. Höre auf zu existieren. Nur wenn du absolut leer bist, kann die Wahrheit dir ihre Mysterien ins Ohr flüstern. Nur ein Niemand kann Ihn treffen.

Drittes Kapitel: Wiedergeburt
- Die Wiedergeburt/Perfektion im Sinne von Vollkommenheit bedeutet: Erleuchtung, Nirwana, Paradies, Ko(s)misches Bewusstsein.

Sehr geschätzte Leserin,
sehr geschätzter Leser,

mit dem Begriff „Kosmisches Bewusstsein"
bezeichnete 1901 Richard Maurice Bucke „das
Ergebnis einer Erfahrung, die man als das
plötzliche Erwachen eines neuen, nämlich des
kosmischen Sinnes bezeichnen kann. In diesem
Erwachen erlebt der Mensch ... in einer oft als
unbeschreiblich beschriebenen Freude und
Seligkeit eine allgemeine geistige Erleuchtung,
die dem inneren Auge völlig neue Dimensionen
eröffnet. Das wichtigste Merkmal des kosmischen
Bewusstseins aber ist ... das Erkennen der ewigen
kosmischen Gesetze wie auch das Wissen, dass
der Mensch unsterblich nicht war oder sein wird,
sondern *ist*." (Hier können wir zu Recht in Anlehnung an den Apostel Paulus fragen: Tod, wo
ist dein Sta-ha-ha-ha-chel?)

In aller Bescheidenheit möchte ich mit dem Begriff „Ko(s)misches Bewusstsein" deutlich machen,

dass ein Kosmisches Bewusstsein sich nicht nur peripher, sondern primär der Komik des menschlichen Daseins bewusst ist.

Wobei die Tragikomik der menschlichen Existenz sich eben nicht nur in der metaphysischen Auseinandersetzung mit den letzten – korrekter: ersten – Dingen zeigt, sondern gerade auch in der Banalität und Absurdität des Alltags. Daher finden sich in diesem Buch nicht nur humorvolle, spirituell-vergeistigte Weisheitsgeschichten, sondern auch Witze vom Typ „Kommt ein Mann zum Arzt". Kommt doch die Hybris des Menschen – dem Himmel sei Dank! – auch auf jedem noch so banalen irdischen Parkett zu Fall – notfalls mit Hilfe der klassischen Bananenschale.

Der Versuch des Menschen, mit seinem Spatzengehirn Gott begreifen zu wollen – und etwas anderes tun wir nicht, wenn wir nach dem Sinn des Seins fragen, und wer fragt danach früher oder später nicht?! –, gleicht dem Unterfangen, mit einem Sieb das Wasser der Weltmeere in einen Fingerhut füllen zu wollen – und dies wohlgemerkt ohne Zuhilfenahme eines Trichters.

Ein Affe, genetisch nicht einmal den berühmten Katzensprung weit vom Menschen entfernt (der Schimpanse ist genetisch zu 98,76 Prozent mit dem Menschen identisch), wird niemals auch nur ansatzweise das menschliche Denken, Urteilen und Handeln verstehen können. Wir als Menschen maßen uns aber eben dies bezüglich des Mysteriums des Lebens und Gottes unergründlichen Ratschlüssen an.

Ein solches Verhalten ist – mit einem Wort: – lächerlich.

Wie sagte meine Großmutter immer: „Willst du Gott zum Lachen bringen, erzähle Ihm von deinen Erkenntnissen!"

Wie heilsam, dass Lachen jede Selbstüberschätzung zerstört und jeder gute Witz uns die Scheuklappen des Denkens herunterreißt, indem er unseren Vor-Stellungen von der Wirklichkeit ein Bein stellt, sie zu Fall bringt und eine winzige mentale Revolution auslöst – im besten Fall eine Mini-Erleuchtung.

Humor ist Grenzüberschreitung und Selbstrelativierung schlechthin. Lachen bedeutet, das Selbst-Bild zu verlieren.

Wir leben in einem Traum, und wenn wir heftig genug lachen, dann verliert der Traum seine nahtlose Qualität. Durch Lachen bekommt unsere scheinbar solide Realität Risse, durch die eine transzendente Einsicht scheint.

Ein guter Witz verlangt von unserem Gehirn zustimmende Einsicht in eine höhere Logik, bricht die fest gefügten Bahnen unseres Denkens auf, provoziert das Gehenlassen einer Bindung an eine Über-Zeugung, transformiert uns und stößt ein neues Fenster auf in unserem Bewusstseinsraum, auf dass ein kosmisch helles Licht einfalle und uns erleuchte!

In diesem Sinne: Lachen Sie sich weise!

Marco Aldinger   Frühjahr 2008

Erstes Kapitel:

Geburt

Eine traurige Trauerrede

In einer jüdischen Gemeinde gibt es einen weithin bekannten Trauerredner, der zu allen Beerdigungen herangezogen wird, sofern die Hinterbliebenen es sich leisten können, denn billig ist er nicht. Als wieder einmal ein angesehenes Gemeindemitglied das Zeitliche segnet, erkundigt sich die Familie nach den Kosten eines würdigen Nekrologs. „Je nachdem", antwortet der Trauerredner. „Die große, wirklich erschütternde Grabrede kommt entsprechend teuer. Aber sie ist ihr Geld wert. Alles weint: die Trauergäste, der Rabbiner, sogar die hartgesottenen Sargträger – der ganze Friedhof ist ein Tränenmeer. Kostet 200 Gulden."

„200 Gulden? So viel können wir unmöglich ausgeben."

„Gut, dann nehmen Sie die Grabrede zu 100 Gulden. Immer noch sehr ergreifend. Ich garantiere Ihnen, dass sämtliche Trauergäste weinen und auch der Rabbi ein paar Mal schluchzt."

„Haben sie nichts Billigeres?"

„Hab ich. Die Grabrede zu 50 Gulden. Allerdings weinen da nur noch die nächsten Familienangehörigen."

„Auch 50 Gulden sind uns eigentlich zu viel. Gibt es nicht noch eine andere Trauerrede?"

„Es gibt", sagt der Trauerredner mürrisch, „noch eine zu 20 Gulden. Aber die hat bereits einen leicht humoristischen Einschlag."

Regenschirmliebe

Ein Philosophieprofessor, der sehr traurig aussieht, wird von seinem Freund gefragt: „Du siehst so deprimiert aus, was ist denn los?"

Der Professor erzählt: „Mein Psychiater sagt, dass ich in meinen Regenschirm verliebt bin, und dass das die Wurzel all meiner Probleme sei."

Der Freund fragt überrascht: „In deinen Regenschirm verliebt?"

„Ja", antwortet der Professor, „das ist doch lächerlich! Okay, ich mag und achte meinen Regenschirm, ich schätze ihn sehr und genieße seine Gesellschaft, aber Liebe …?"

Qualvolle Wahl?

Immer wenn ein Fremder in die Teestube des Dorfes kommt, wird Mullah Nasrudin herbeigerufen. Nasrudin gilt als gutmütig, aber auch als nicht ganz richtig im Kopf – andererseits verblüfft er seine Umgebung immer wieder mit einem genialen Geistesblitz.

Eines Tages, als wieder einmal ein Fremder ins Dorf kommt, erzählt man dem Fremden, dass gleich etwas Lustiges passieren werde, und man ruft nach dem Mullah. Nasrudin erscheint alsbald. Dieses Mal ist es der Dorfschmied, der einen 50- und einen 10-Drachmen-Schein vor dem Mullah auf den Tisch legt und fragt: „Nasrudin, welchen der Scheine möchtest du gerne geschenkt bekommen?"

Nasrudin scheint zu zögern und angestrengt nachzudenken. Nach einer Weile entscheidet er sich unter dem lautstarken Gegröle der Anwesenden für den 10-Drachmen-Schein und zieht von dannen.

Doch der Fremde kann an diesem Schauspiel keinen rechten Gefallen finden und eilt dem Mullah nach. Schnell hat der Fremde Nasrudin eingeholt und spricht ihn an: „Armer Mann, lassen Sie sich doch nicht für dumm verkaufen. Es tat mir so leid, mit ansehen zu müssen, wie Sie lächerlich gemacht wurden. Haben Sie denn noch nicht bemerkt, dass 50 Drachmen viel mehr wert sind als 10?"

Der Mullah entrüstet: „Wo denken Sie hin! Natürlich weiß ich das! Aber seien Sie gewiss, wenn ich auch nur ein einziges Mal die 50 Drachmen nehme, dann spielen sie das Spiel nie mehr mit mir."

Muttergefühle

Eine hochbetagte fromme Dame stirbt und kommt in den Himmel. An der Rezeption äußert sie den Wunsch, die Heilige Jungfrau Maria sprechen zu dürfen. Schließlich wird ihr diese große Gnade zuteil. Die alte Dame schaut lange ehrfürchtig in das strahlende Geicht der Jungfrau Maria und sagt schließlich: „Bitte verzeihen Sie mir meine Neugierde, aber ich wollte Sie schon immer etwas fragen. Bitte sagen Sie mir, was es für ein Gefühl ist, einen Sohn zu haben, der so einzigartig war, dass ihn seit seinen Lebzeiten Millionen von Menschen als einen Gott verehren? Was empfinden Sie angesichts dieser Karriere?"

Die Jungfrau Maria antwortet zögerlich: „Um ehrlich zu sein, ich hatte gehofft, er würde Arzt werden."

Ein unmoralisches Angebot

Ein Rechtsanwalt, der spät abends noch in seiner Kanzlei arbeitet, bekommt Besuch vom Teufel: „Du kannst ab sofort sämtliche Fälle gewinnen, doppelt so viel Geld verdienen und musst dafür nur noch halb so viel arbeiten. Außerdem bekommst du eine bildschöne Nymphomanin als Sekretärin. Alles, was ich dafür verlange, ist deine Seele, die deiner Frau und deiner Kinder."

Der Anwalt denkt kurz über das Angebot nach: „Und wo ist der Haken bei der Sache?"

Der blinde Bettler

„Vor zwei Wochen stand auf Ihrem Pappschild, dass Sie blind sind. Und heute steht darauf, Sie seien stumm. Ich gebe Ihnen bestimmt nichts mehr!", sagt ein erboster Mann zu einem Bettler.

Der Bettler schluckt, kann aber dann nicht mehr länger an sich halten und brüllt: „Also hören Sie mal, wenn Sie blind wären und plötzlich wieder sehen könnten, dann würde es Ihnen auch die Sprache verschlagen!"

Der Schinken

Ein herrlicher, saftiger Schinken liegt in der Auslage des Delikatessengeschäftes. Ein Jude, schwach werdend, geht hinein und fragt: „Was kostet der Schinken?"

In diesem Augenblick ertönt ein furchtbarer Donnerschlag. Der Jude blickt zum Himmel empor und sagt: „Na, was? Fragen wird man doch noch dürfen!"

Ein schlauer Hund

Ein Mann sitzt im Garten und spielt mit seinem Hund Poker. Ein Nachbar kommt vorbei und stellt fest: „Sie haben aber einen außergewöhnlich schlauen Hund."

„So schlau ist er auch wieder nicht", entgegnet der Hundebesitzer. „Jedes Mal, wenn er ein gutes Blatt bekommt, wedelt er mit dem Schwanz."

Am Nachmittag geht der Mann mit seinem Hund ins Kino. Sie sehen eine Komödie und der Hund kann sich vor Lachen kaum auf seinem Stuhl halten.

„Das ist aber merkwürdig", kommentiert die Dame hinter ihm das Verhalten des Hundes.

„Ja, wirklich seltsam", antwortet der Hundebesitzer nachdenklich, „das Buch hat ihm nämlich überhaupt nicht gefallen."

Die Erschaffung des Mannes

Eines Tages im Garten Eden sagt Eva zu Gott:
„Lieber Gott, ich habe ein Problem!"

„Was für ein Problem, Eva?"

„Lieber Gott, ich weiß, dass du mich erschaffen und mich mit diesem wunderschönen Garten und all diesen fabelhaften Tieren beschenkt hast, aber ich bin einfach nicht glücklich."

„Warum bist du nicht glücklich, Eva?"

„Lieber Gott, auch wenn ich gern mit der Schlange spiele und gern Äpfel esse, auf die Dauer ist das nun mal langweilig. Ich fühle mich einsam."

„Na gut, Eva, in diesem Fall werde ich für dich den Mann erschaffen."

„Was ist ein Mann, Gott?"

„Na ja, da das Ganze jetzt schnell gehen muss, wird der Mann eine etwas fehlerhafte Kreatur sein mit einigen Schwächen. Er wird lügen, dich betrügen und unglaublich eitel und eingebildet sein. Im Großen und Ganzen wirst du es mit ihm nicht leicht haben. Aber er ist stärker und schneller als du, und er jagt gerne. Wenn er Befriedigung sucht, benimmt er sich zwar ziemlich dusselig, aber er sollte zumindest deine körperlichen Bedürfnisse befriedigen können. Er ist humorlos und liebt kindische Sachen, wie zum Beispiel das Herumkicken mit einem Ball. Er ist nicht allzu intelligent und wird deinen Rat brauchen. Aber eines ist sicher, er wird dich amüsieren."

„Klingt ja umwerfend", sagt Eva und zieht dabei eine Augenbraue hoch, „und wo ist der Haken, Gott?"

„Also ... du kannst ihn unter einer Bedingung haben."

„Und welche ist das?"

„Wie ich schon sagte, wird er stolz und arrogant sein und sich selbst stets am meisten bewundern ... Du wirst ihn daher im Glauben lassen müssen, dass ich ihn zuerst erschaffen hätte. Denk immer dran, es bleibt unser beider kleines Geheimnis ... von Frau zu Frau."

Ein Übel?

Ein Mönch betritt ein Teehaus und verkündet:
„Mein Meister hat mich gelehrt zu verbreiten,
dass die Menschheit so lange nicht das Stadium
der Vollkommenheit erreichen wird, bis derjenige, dem kein Unrecht geschah, über ein Unrecht
genauso empört ist wie derjenige, dem Unrecht
geschah."

Für einen Augenblick ist die ganze Versamm-
lung beeindruckt. Da erhebt sich Mullah Nasrudin
von seinem Platz: „Mein Lehrer lehrte mich, dass
überhaupt niemand über irgendetwas empört sein
solle, ehe er nicht sicher ist, dass das vermeintli-
che Übel auch tatsächlich ein Übel ist – und nicht
eine verkleidete Segnung!"

Heilige Schwangerschaft

Ein Frauenarzt sagt zu einer Mutter, die ihn mit ihrer jungen Tochter aufgesucht hat: „Ihre Tochter ist schwanger."

„Das ist unmöglich!", entrüstet sich die Mutter. „Meine Tochter hat noch nicht einmal einen Mann geküsst! Nicht wahr, mein Liebling?"

Die Tochter bemerkt: „Aber ja, Mami, ich hab noch nicht einmal die Hand eines Mannes gehalten."

Da steht der Arzt von seinem Stuhl auf, geht zum Fenster und starrt in den Himmel. Nach minutenlangem Schweigen fragt schließlich die Mutter spöttisch: „Gibt es da draußen etwas Besonderes zu sehen?"

„Bis jetzt noch nicht", erwidert der Frauenarzt, „aber als das letzte Mal so etwas passiert ist, erschien ein heller Stern im Osten – und diesmal will ich mir das Schauspiel nicht entgehen lassen."

Der Ballonfahrer

Ein Ballonfahrer, der sich auf Grund eines Sturmes verflogen hat, reduziert seine Höhe und ruft zu einem Spaziergänger hinunter, ob er wisse, wo er sich mit seinem Ballon befinde.

Der Mann am Boden denkt lange nach: „Sie befinden sich in zirka sieben Meter Höhe in der Luft in einem gelb-rot gestreiften Heißluftballon."

„Sie müssen Ingenieur sein", sagt prompt der Ballonfahrer.

„Ja, das ist richtig", antwortet der Mann. „Woran haben Sie das erkannt?"

„An der Antwort", sagt der Ballonfahrer. „Erstens haben Sie sehr lange gebraucht, zweitens ist die Antwort technisch korrekt und nicht widerlegbar und drittens kann kein Mensch etwas damit anfangen! Ich weiß immer noch nicht, wo ich bin."

Der Ingenieur sagt daraufhin: „Sie müssen Manager sein."

„Ja, das bin ich", antwortet der Ballonfahrer, „und wie haben Sie das herausgefunden?"

„Also", erklärt nun der Ingenieur, „Sie wissen nicht, wo Sie sind oder wohin Sie fahren. Sie haben ein Ziel definiert, von dem Sie nun keine Ahnung haben, wie Sie es erreichen können. Und nun erwarten Sie, dass ich für Sie dieses Problem löse. Und außerdem: Sie befinden sich in exakt derselben Position, in der Sie waren, bevor wir uns getroffen haben, aber irgendwie ist jetzt alles meine Schuld."

Bevölkerungsexplosion

Ein Soziologe schließt seinen Vortrag über die Bevölkerungsexplosion mit den Worten: „Irgendwo auf diesem Planeten bringt eine Frau alle dreißig Sekunden – und zwar Tag und Nacht – ein Kind zur Welt." Und er fragt abschließend rhetorisch: „Was soll man nur dagegen tun?"

Entrüstet meldet sich eine ältere Zuhörerin zu Wort: „Man muss diese Frau finden und dafür sorgen, dass sie sofort damit aufhört!"

Auf nüchternen Magen

Ein Freund fragt Mullah Nasrudin: „Wie viele Brötchen kannst du auf nüchternen Magen essen?"

„Vier", antwortet Nasrudin.

„Falsch!", triumphiert der Freund, „nur eins, wenn du das gegessen hast, bist du nicht mehr nüchtern."

Nasrudin kommt nach Hause und fragt sogleich seine Frau: „Wie viele Brötchen kannst du auf nüchternen Magen essen?"

„Drei!", erwidert sie.

„Schade", sagt Nasrudin enttäuscht, „Hättest du vier gesagt, hätte ich einen Spitzen-Witz gewusst!"

Überzeugungsarbeit

Ein junger Mann will von einem Hochhaus in den Tod springen. Ein herbeigerufener Priester versucht ihn davon abzubringen: „Mein Sohn, denk doch an deine Mutter und deinen Vater, die dich lieben."

„Die sind beide tot", antwortet der junge Mann, „ich springe jetzt."

„Nein, nein!", ruft der Priester, „denk an die Frau, die dich liebt."

„Ich bin Single, niemand liebt mich, ich springe jetzt!"

„Aber nein!", ruft der Priester. „Denk an deine Freunde, die dich lieben."

„Ich habe keine Freunde, ich springe jetzt!"

„Halt, halt", beschwört ihn der Priester, „denk an Jesus, der liebt dich!"

Der junge Mann: „Von wegen Jesus! Ich bin schon vor langer, langer Zeit aus der Kirche ausgetreten!"

Woraufhin der Geistliche schreit: „Dann spring, du Heide!"

Spirituelle Übungen

Ein spiritueller Lehrer sagt: „Mein erster Schüler war so schwach, dass er an den Übungen starb. Mein zweiter trieb sich selbst in den Wahnsinn, weil er zu konzentriert meditierte. Mein dritter Schüler wurde durch die Kontemplation stumpfsinnig. Aber der vierte ist immer noch völlig normal."

Jemand fragte ihn: „Wie kommt das?"

„Vielleicht", antwortete der Guru, „Weil er sich weigert, die Übungen zu machen …"

Zehn was?

Doktor zum Patienten: „Sie sind sterbenskrank. Ihnen verbleibt nicht mehr viel Zeit!"

Patient: „Herr Doktor, bitte sagen Sie mir die Wahrheit, und wenn sie noch so grausam ist. Wie lange habe ich denn noch?"

Doktor: „Zehn."

Patient: „Zehn was? Jahre, Monate, Wochen?"

Doktor: „Neun …"

Zum Fürchten

Eine Frau brachte ihren kleinen Sohn zu Mullah Nasrudin. „Bitte jagt ihm doch ein wenig Angst ein", sagte sie, „er ist so frech und ungezogen, ich weiß nicht, wie ich ihn noch bändigen soll."

Nasrudin verdrehte die Augen, begann zu ächzen und schnauben, sprang im Zimmer herum, trommelte mit den Fäusten auf den Tisch und stieß schließlich wilde Schreie aus – da fiel die Frau vor Schrecken in Ohnmacht und Nasrudin rannte aus dem Zimmer.

Als Nasrudin zurückkehrte, hatte die Frau das Bewusstsein wiedererlangt und beschwerte sich: „Ich bat Euch, den Knaben das Fürchten zu lehren, nicht mich!"

„Meine Dame", entgegnete der Mullah, „die Gefahr bevorzugt niemanden. Ich habe mich sogar selbst erschreckt und musste aus dem Zimmer flüchten. Wenn Gefahr droht, dann bedroht sie alle gleich."

Raubtierfütterung

Ein alter Indianer saß mit seinem Enkelsohn am Lagerfeuer. Es war schon dunkel geworden, das Feuer knackte und die Flammen züngelten golden in pechschwarzer Nacht.

Der Alte sagte nach einer Weile des Schweigens: „Weißt du, wie ich mich manchmal fühle? Es ist, als ob da zwei Wölfe in meinem Herzen miteinander kämpfen würden. Einer der beiden ist rachsüchtig, aggressiv und grausam. Der andere hingegen ist liebevoll, sanft und mitfühlend."

„Welcher der beiden wird den Kampf um dein Herz gewinnen?", fragte der Junge.

„Der Wolf, den ich füttere", antwortete der Alte.

Alles Juden …

In einem Eisenbahnabteil wird über berühmte
Leute gesprochen. Am Fenster sitzt ein jüdischer
Intellektueller und streut kurze Bemerkungen
über die Herkunft der jeweiligen Persönlichkeit
ein: „Einstein – Jude!" „Spinoza – Jude!" „Kolum-
bus – Jude!" „Darwin – Jude!" „Freud – Jude!"

Da kann eine Dame neben ihm nicht mehr
an sich halten und ruft fassungslos: „Jesus Maria!"

Darauf der Intellektuelle: „Beides Juden!"

Zwei Worte

Ein Mann möchte Mönch werden und meldet sich in einem Trappistenkloster. Der Abt heißt ihn willkommen, gibt ihm aber zu bedenken: „Ich hoffe, Sie wissen, dass wir Trappisten überhaupt nicht reden. Sie dürfen nach drei Jahren wieder zu mir kommen und zwei Worte sagen."

Der frischgebackene Mönch ist einverstanden und drei entbehrungsreiche Jahre der Askese vergehen, bis der Mann zum ersten Mal zum Abt darf und sagt: „Harte Betten."

Der Abt erwidert: „Hmmm …"

Wieder ziehen drei Jahre des Schweigens ins Land, bis der Mann erneut zum Abt sprechen darf: „Kaltes Essen."

Der Abt bestätigt: „Hmmm …"

Nach drei weiteren Jahren sagt der Mönch: „Ich gehe!"

Darauf bemerkt der Abt: „Dachte ich mir. Seit Sie hier sind, sind Sie permanent am Meckern."

Die strafende Belohnung

Ein großer Heiliger starb, und einen Tag später starb auch sein Meisterschüler, denn der Schüler konnte ohne den Meister nicht leben. Der Jünger war überglücklich, als er gen Himmel geleitet wurde, und dachte: Mein Meister muss bereits in Strömen von Alkohol schwimmen und sich mit den schönsten Frauen vergnügen, schließlich war er ein solch großer Asket. Und so war es auch! Als der Jünger im Himmel ankam, sah er seinen Meister unter einem goldenen Baum sitzen und eine bildschöne Frau saß auf seinem Schoß. Der Jünger fiel dem Meister zu Füßen: „Mein Herr und Meister, ich habe es gewusst, dass du belohnt werden würdest. Du hast so viel auf der Welt gelitten, du hast nie eine Frau nur angeschaut, du hast allen Begierden entsagt und nun werden all diese Entbehrungen dir reichlich gelohnt ..."

Da warf der Meister dem Schüler einen strengen Blick zu: „Du Narr, du weißt doch gar nicht, was hier abläuft. Diese Frau ist nicht die Belohnung für mich, ich bin die Strafe für sie."

Die Börse

Mullah Nasrudin fragt einen steinreichen Kaufmann, der in der fernen Großstadt sein Geld an der Börse gemacht hat, wie denn eigentlich die Börse funktioniere. Der Kaufmann erklärt bereitwillig: „Du musst dir das folgendermaßen vorstellen: Du kaufst dir eine Henne und einen Hahn. Die legen Eier, und aus diesen Eiern schlüpfen wieder Hennen und Hähne. Die legen alle auch Eier. Nach sechs Wochen hast du 50 Hennen und Hähne, nach drei Monaten 500. Wenn ein Jahr vorbei ist, besitzt du über 3000 Hennen und Hähne und immer neue Eier."

„Aha, verstehe", unterbricht ihn Nasrudin.

„Nein, nein", schüttelt der Kaufmann seinen Kopf, „so einfach ist das nicht, denn genau dann, wenn du an nichts Böses denkst und bereits planst, einen neuen Hühnerstall zu bauen, dann kommt eine Überschwemmung. Alle Hennen und Hähne ertrinken. Das ist die Börse! Enten hättest du kaufen sollen!"

Die Heiligen Drei Könige

Die Heiligen Drei Könige nähern sich dem Stall von Bethlehem. Weil es dunkel ist und Melchior etwas schlecht sieht, wäre er fast in einen großen, frischen Kuhfladen getreten, hätte ihn Balthasar nicht im letzten Augenblick zurückgerissen.

„Jesus Christus noch mal", schreit Balthasar, „pass doch auf!"

Da ruft Josef nach hinten: „Mensch, Maria, Jesus Christus ist doch eigentlich ein viel schönerer Name als Karl-Heinz."

Ein billiges Wunder

Der Rabbi erzählt: „Eines Tages fand ein armer Holzhacker mitten im Wald einen Säugling. Aber wie sollte er ihn ernähren? Er betete zu Gott, und da geschah das Wunder: Dem Holzhacker wuchsen große Brüste, und so konnte er das Kind säugen.

„Rabbi", wendet einer seiner Schüler ein, „die Geschichte gefällt mir nicht. Warum so eine ausgefallene Sache mit Brüsten bei einem Mann? Also, Gott ist doch allmächtig, Er hätte können einen Beutel Gold neben den Säugling legen, dann hätte der Holzhacker eine Amme eingestellt."

Der Rabbi denkt lange nach: „Falsch! Warum soll Gott ausgeben bares Geld, wenn Er kann auskommen mit einem Wunder!"

Der Schaufelbagger

„Dieser Bagger", sagt ein Freund zu Mullah Nasrudin, „hat Scharen von Männern die Arbeit weggenommen, man sollte ihn eigentlich stilllegen und dafür 100 Männer mit Schaufeln in diesen Graben stellen."

„Richtig", sagt Nasrudin, „oder noch besser 10 000 Männer mit Teelöffeln."

Die Auferstehung der Toten

Ein armer Schneider vertraut sich seinem Pastor an: „Ich hoffe inständig, dass bald der Messias kommt. Dann werden alle Toten auferstehen und neue Kleider brauchen!"

„Aber dann werden doch alle Schneider mit auferstehen!"

„Davor habe ich keine Angst! Sie kennen ja nicht die aktuelle Mode!"

Der Flaschengeist

Ein Mann findet bei einem Strandspaziergang eine alte, kostbar aussehende Flasche mit einem Kristallstopfen. Neugierig öffnet er die Flasche, und im selben Augenblick erscheint ein riesiger Kerl mit großem Bauch und Turban. „Du hast mich gerufen, Meister? Ich bin ein Flaschengeist und du hast jetzt einen Wunsch frei."

Der Mann überlegt: „Ich wollte immer schon mal nach Amerika. Aber ich habe schreckliche Flugangst und werde auch leicht seekrank. Am liebsten würde ich mit dem Auto fahren. Ich wünsche mir also eine Autobahnbrücke über den Atlantik!"

Der Geist aufgebracht: „Bist du noch ganz bei Trost? Weißt du, wie lang so eine Brücke ist? Und wie viele Betonpfeiler man dafür braucht? Und wie hoch die Pfeiler sein müssen? Der Ozean ist bis zu 8000 Meter tief! Und dann die ganze Statik – denk nur mal an die Stürme, denen die Brücke standhalten muss. Außerdem muss alle paar hundert Kilometer eine Tankstelle errichtet werden, da kein Auto eine so große Strecke nonstop zurücklegen kann. Darüber hinaus gibt es endlosen Ärger mit den Behörden und Greenpeace. Die Zeiten, als man als Geist noch jeden Blödsinn machen konnte, sind schon lange vorbei. Also bitte, denk dir was anderes aus!"

Der Mann nachdenklich: „Nun gut, wenn es zu schwierig ist … lass mich mal überlegen … hm, weißt du, wenn Frauen mir etwas erzählen, dann kann ich oft keinen Zusammenhang erkennen, und sie erwarten oft Dinge von mir, in denen ich überhaupt keinen Sinn sehe. Mein Wunsch ist also, die Frauen verstehen zu können."

Der Geist kratzt sich am Kopf: „… Um noch einmal auf die Autobahnbrücke zurückzukommen, willst du sie zweispurig oder vierspurig?"

Die Gesetzestafeln

Moses kommt vom Berg Sinai mit den Gesetzestafeln herunter. Er ruft die Menge zusammen und erklärt: „Ich habe eine gute und eine schlechte Nachricht. Die gute: Ich habe Ihn auf zehn Gebote heruntergehandelt. Die schlechte: Ehebruch ist immer noch dabei."

Tolle Wut

Nasrudin wird von einem Hund gebissen, aber da er immer Wichtiges zu tun hat, geht er erst dann zum Arzt, als es für das Serum zu spät ist. Der Hund hatte Tollwut und der Arzt muss seinen Patienten auf das Schlimmste vorbereiten.

Nasrudin zieht ein Notizbuch aus der Jackentasche und beginnt zu schreiben.

Der Arzt will ihn trösten. „Vielleicht ist es nicht ganz so schlimm", sagt er, „Sie brauchen nicht sofort Ihr Testament zu machen."

„Von wegen Testament", antwortet Nasrudin, „ich mache eine Liste der Leute, die ich beißen will!"

Jetzt katholisch

Ein Jude zog in eine eher katholische Gegend. Jeden Freitag wurden die Katholiken sehr nervös, denn während sie ihren Fisch aßen, saß der Jude im Garten und grillte saftige Steaks. Also machten sie sich daran, ihn zu konvertieren. Schließlich, mit Bitten und Drohungen, schafften sie es. Sie brachten ihn zu einem Priester, der besprenkelte ihn mit Weihwasser und sprach: „Geboren als Jude ... aufgewachsen als Jude ... jetzt ein Katholik."

Die Katholiken waren begeistert. Keine verführerischen Gerüche mehr am Freitag. Aber am nächsten Freitag zog der Grillgeruch wieder durch die Nachbarschaft. Die Katholiken rannten alle zum Haus des Juden, um ihn an seine neue Diät zu erinnern. Sie fanden ihn am Grill stehend, wo er Wasser über das Fleisch sprenkelte und sagte: „Geboren als Kuh ... aufgewachsen als Kuh ... jetzt ein Fisch."

Der Kartenleger

Ein Kartenleger hatte den Besuchern den ganzen Tag über Rat erteilt, die Zukunft prophezeit und ein hübsches Sümmchen Geld dafür bekommen. Ein Schüler des Kartenlegers sah ihm den ganzen Tag bewundernd zu.

Nachdem der letzte Ratsuchende gegangen ist, fragt der Kartenleger stolz: „Könntest du auch, was ich kann?"

„Zum Teil schon", meint der Schüler zögernd. „Den Leuten raten und alles Mögliche prophezeien, das ist keine Kunst, das könnte ich auch … aber mit ernstem Gesicht Geld dafür nehmen – ich glaube, das brächte ich nicht übers Herz."

Lebenslängliche Begnadigung

Anlässlich der Hochzeit seiner einzigen Tochter beschließt ein Herrscher folgende Anordnung: Jedem Gefangenen ist die Hälfte seiner Strafe sofort zu erlassen. Der Zuchthausdirektor hat ein Problem: Was soll er mit dem einen zu lebenslanger Haft Verurteilten machen? In seiner Not wendet er sich an einen Zen-Meister. Er kennt die Lösung: „Soll er sitzen einen Tag und frei sein einen Tag!"

Gott liebt dich!

Ein Pfarrer erklärt Mullah Nasrudin: „Gott hat dich sehr, sehr lieb."

Nasrudin erwidert ungläubig: „Wie kann Er mich lieben. Er kennt mich doch gar nicht!"

Der Pfarrer erklärt: „Gerade deshalb kann Er dich ja lieben. Wir kennen dich, wir können dich nicht lieben, das ist zu schwierig."

Zwei Möglichkeiten

Die betrübte Mutter eines Rekruten kommt ins
Pfarrhaus und will in Tränen zerfließen. Ihr Sohn
ist gerade gemustert worden. Der Pfarrer tröstet
sie: „Regen Sie sich nicht auf, liebe Frau! Noch ist
ja nichts verloren. Sie wissen ja noch nicht einmal, was man mit Ihrem Sohn anfangen wird.
Es gibt zwei Möglichkeiten: Entweder er kommt
zum Hilfsdienst oder zur bewaffneten Truppe.
Wenn er zum Hilfsdienst kommt, ist es beinahe
so, als wenn er untauglich wäre. Kommt er zur
bewaffneten Truppe, dann gibt es zwei Möglichkeiten: Entweder gibt es Krieg, oder es gibt keinen
Krieg. Gibt es keinen Krieg, ist alles in Ordnung.
Gibt es Krieg, so gibt es zwei Möglichkeiten: Entweder er kommt an die Front, oder er bleibt beim
Nachschub. Bleibt er beim Nachschub – hervor-
ragend. Kommt er an die Front, so gibt es zwei
Möglichkeiten: Entweder er kommt in den Schüt-
zengraben, oder er kommt nicht in den Schützen-
graben. Kommt er nicht dorthin, gibt es keinen
Grund zum Verzagen. Kommt er hinein, so gibt
es zwei Möglichkeiten: Entweder es kommt zu
einer Schlacht, oder alles bleibt ruhig. Bleibt alles

ruhig – bestens. Kommt es zu einer Schlacht, so gibt es zwei Möglichkeiten: Entweder er wird verwundet, oder er wird nicht verwundet. Wird er nicht verwundet, tadellos. Wird er verwundet, so gibt es zwei Möglichkeiten: Entweder ist die Verwundung schwer, oder sie ist harmlos. Ist sie harmlos, so bekommt er einen Erholungsurlaub und fällt Ihnen um den Hals. Das ist, als wäre er gar nicht weg gewesen. Ist die Verwundung schwer, so gibt es zwei Möglichkeiten: Entweder wird er geheilt, oder er wird nicht geheilt. Wird er geheilt, so ist das so gut, als wenn er nie verwundet gewesen wäre. Heilt die Wunde nicht, so gibt es zwei Möglichkeiten: Entweder er stirbt, oder er stirbt nicht. Stirbt er nicht, so kommt er nach Hause, und dann ist das Glück vollkommen! Stirbt er, so gibt es zwei Möglichkeiten: Entweder er kommt in den Himmel oder in die Hölle. Kommt er in den Himmel, so können Sie ihm nichts Besonderes wünschen. Kommt er nicht dorthin ... nun ja, wenn er nicht in den Himmel kommt, lohnt es ich auch nicht, darüber zu trauern, denn dann hat er ja offensichtlich auch nichts Besseres verdient."

Frömmigkeit

Zwei junge Schüler diskutieren, wessen Rabbi wohl der frömmere sei.

Sagt der erste: „Mein Rabbi ist so heilig, dass ihm von Gott ganz besondere Aufmerksamkeiten zuteil werden. Als es letzte Woche in der ganzen Stadt regnete, blieb ein kleiner Kreis um den Kopf meines Rabbis herum vom Regen frei und Sonnenstrahlen fielen auf ihn. Und übrigens, deinem Rabbi fehlt doch jede Frömmigkeit! So sah ich ihn am letzten Jom Kippur, dem heiligsten Tag des Jahres, wo alle fasten müssen, einen Hühnersalat essen."

Da sagt der andere Schüler triumphierend: „Ja, genau, aber was du nicht bemerkt hast, ist Folgendes: Als nämlich in der ganzen Stadt Jom Kippur war, legte sich ein kleiner Kreis um den Kopf meines Rabbis, und in dem war es schon einen Tag später."

Ein Versehen

Mullah Nasrudin lag im Sterben, seine Familie und seine Schüller hatten sich um ihn versammelt. Alle weinten und jammerten, nur der Sterbende blieb gelassen. Da fragte ihn einer seiner Schüler: „Wie ist es möglich, dem Tod so gelassen entgegenzusehen und sogar hin und wieder zu lachen, während wir so darunter leiden, das du uns verlassen wirst?"

„Ganz einfach", antwortete der Mullah, „mich belustigt der Gedanke, dass der Engel des Todes versehentlich einen von euch mitnehmen könnte, so leichenblass wie ihr ausseht!"

Sprüche

Das Einzige, was mich hier noch hält, ist die Erd-anziehung.

Reichtum ist besser als Armut – wenn auch nur aus finanziellen Gründen.

Gott schuf die Neugier und nannte sie „Mutter".

Wenn einem das Wasser bis zum Hals steht, sollte man den Kopf nicht hängen lassen.

„Mal richtig abschalten …", sagte der Pfleger und betrat die Intensivstation.

„Aller Anfang ist schwer …", sagte der Dieb und stahl einen Amboss.

Erst wenn die letzte Ölplattform versenkt, die letzte Tankstelle geschlossen ist, werdet ihr mer-ken, dass man bei Greenpeace nachts kein Bier kaufen kann.

Als Gott das Patriarchat erschuf, war Sie total betrunken.

Auch Vegetarier pflanzen sich durch Fleischeslust fort.

Mit Geld und guten Worten kann man sehr viel erreichen – wobei man die Worte notfalls weglassen kann.

Okay, mag sein, dass das Leben ein Witz ist – mich interessiert, wer ihn erzählt.

Spinat schmeckt am besten, wenn man ihn kurz vor dem Verzehr durch ein großes Steak ersetzt.

Ich bin nicht abergläubisch – das bringt nur Unglück.

Eine Stimme sprach zu mir: „Lächle und sei zuversichtlich, es könnte noch schlimmer kommen."
    Und ich lächelte und war zuversichtlich – und es kam noch schlimmer.

Pubertät ist, wenn die Eltern anfangen schwierig zu werden.

Das Geld liegt auf der Straße – man muss es nur hinwerfen.

Ein Drittel der Menschheit ist unglaublich dumm. Ich frage mich: Was ist mit dem anderen Drittel?

Manche Dinge kosten ein Vermögen, andere nur den Verstand.

Zölibat ist Mord am ungezeugten Leben.

Die Stoßstange ist aller Laster Anfang.

Kleptomanen nehmen alles ganz leicht.

Ich bin bis zuletzt Optimist. Ich hänge mich erst auf, wenn alle Stricke reißen.

Sprichwörter

Es ist besser, zwei Jahre zu früh als ein Jahr zu
spät zu sterben. *chinesisch*

Wer sich einen Strick um den Hals legt, dem
schickt Gott auch jemanden, der ihn zuzieht.
afrikanisch

Wenn Frauen gut wären, würde der liebe Gott
eine genommen haben. *georgisch*

Wenn die Reichen sich für Geld Leute mieten
könnten, die für sie sterben, könnten die Armen
prächtig leben. *jiddisch*

Jedes Ding hat drei Seiten: eine, die du siehst,
eine, die ich sehe, und eine, die wir beide nicht
sehen. *chinesisch*

Wenn der Wind des Wandels weht, bauen die
einen Mauern und die anderen Windmühlen.
chinesisch

Aus Staub bist du und zu Staub sollst du wieder
werden – aber zwischendurch ist ein Schluck
Branntwein nicht übel.   *jiddisch*

Gib dem, der gern die Wahrheit sagt, ein Pferd,
auf dass er entkommen mag.   *armenisch*

Lebte Gott auf Erden, würden die Leute Ihm die
Fenster einwerfen.   *chassidisch*

Eine Schlucht überwindet man nicht in zwei
Sprüngen.   *chinesisch*

Fragen mit Antwort

– Warum können Männer nicht gleichzeitig schön
  und intelligent ein?
  = Dann wären sie ja Frauen!

– Warum kommen nur zehn Prozent aller Männer
  in den Himmel?
  = Wenn mehr reinkommen würden, dann wäre
  es die Hölle!

– Was ist der Unterschied zwischen Gott und dem
  Papst?
  = Gott denkt nicht, Er wäre der Papst.

– Woran merkst du, dass du Übergewicht hast?
  = Wenn du am Strand liegst und ein Green-
  peace-Team kommt und versucht, dich ins Meer
  zurückzuziehen.

– Wie stirbt eine männliche Hirnzelle?
  = Einsam!

– Was wollte Gott zeigen, als Er Eva aus Adams Rippe erschaffen hat?
= Dass bei einem Diebstahl nichts Gutes herauskommen kann.

– Warum hat der Schwan einen so langen Hals?
= Damit er bei Hochwasser nicht ertrinkt.

– Warum hat Gott die Frau erst ganz zuletzt erschaffen?
= Weil sie Ihm sonst überall reingeredet hätte.

– Wie nennt man Menschen, die sich ständig beobachtet fühlen?
= Aufmerksam.

– Warum zog Moses mit dem Volk Israel 40 Jahre durch die Wüste?
= Männer konnten noch nie nach dem Weg fragen.

– Warum ist eine Psychotherapie bei Männern viel kürzer als bei Frauen?
= Wenn es Zeit ist, mental in die Kindheit zurückzukehren, sind Männer schon da!

– Warum wird die Frau seit Jahrhunderten unter-
  drückt?
  = Weil es sich bewährt hat.

– Wie viele Psychologen braucht man, um eine
  Glühbirne einzuschrauben?
  = Nur einen – die Glühbirne muss aber auch
  wirklich wollen!

– Was kommt heraus, wenn man einen Zeugen
  Jehovas mit einem Agnostiker kreuzt?
  = Jemand, der ohne ersichtlichen Grund an
  fremden Türen klingelt.

Fragen ohne Antwort

– Warum heißt es, wenn ich mit Gott spreche,
  „Gebet" – und wenn Gott mit mir spricht:
  „Psychose"?

– Warum feiern wir eigentlich Weihnachten?
  Es kommt doch jeden Tag vor, dass ein Mann
  geboren wird, der sich später für Gott hält.

– Soll man den Pazifismus notfalls mit der Waffe
  in der Hand verteidigen?

– Wieso haben die Türen von 24 Stunden geöff-
  neten Tankstellen Schlösser?

– Warum gibt es im Flugzeug Schwimmwesten,
  aber keine Fallschirme?

– Gilt das Gebot „Liebe deinen Nächsten wie dich
  selbst" auch für Masochisten?

– Woran erkennt man, dass es Zeit ist, einen
  Dudelsack zu stimmen?

– Kam ich zur Welt oder kam die Welt zu mir?

- Wenn ein Alleskleber überall und alles klebt, warum klebt er dann nicht auf der Innenseite der Tube?

- Welche Haarfarbe steht im Pass eines Glatzköpfigen?

- Warum gibt es kein Katzenfutter mit der Geschmacksrichtung Maus?

- Was fühlt ein Schmetterling im Bauch, wenn er verliebt ist?

- Wenn sich eine giftige Kobra auf die Zunge beißt, stirbt sie dann?

- Wie kommen die „Rasen betreten verboten"-Schilder auf den Rasen?

- Wenn man einen Schlumpf würgt, welche Farbe bekommt er dann?

- Wenn es heute null Grad hat, und es wird morgen doppelt so kalt, wie viel Grad hat es dann morgen?

Am Anfang war das Wort.
Dann hat es Ihm die Sprache verschlagen.

Heinrich Wiesner

Mancher hat so viel Verstand, dass er zu nichts
mehr auf dieser Welt zu gebrauchen ist.

Georg Christoph Lichtenberg

Aberglaube kann mich erst dann beeindrucken,
wenn einer sein dreizehntes Monatsgehalt ablehnt.

Markus M. Ronner

Von zwei Narren hält der größere den kleineren
für den größeren.

Emil Goett

Drei Dinge kann ich mir nicht merken: das eine
sind Namen, das andere sind Zahlen, und das
dritte habe ich vergessen.

Curt Goetz

Um länger zu leben, muss man morgens nur
früher aufstehen.

Jo Soares

Die letzte Stimme, die man hört, bevor die Welt explodiert, wird die Stimme eines Experten sein, der sagt: „Das ist technisch unmöglich!"

Peter Ustinov

Manchmal glaube ich, dass Gott seine Qualitäten überschätzte, als er den Menschen schuf.

Oscar Wilde

Ein Optimist ist in der Regel ein Zeitgenosse, der ungenügend informiert ist.

John B. Priestley

Moral ist, wenn man so lebt, dass es gar keinen Spaß macht, so zu leben.

Edith Piaf

Wenn man kein Geld hat, denkt man immer an Geld.
Wenn man Geld hat, denkt man nur noch an Geld.

Paul Getty (Milliardär)

Der Neurotiker baut ein Luftschloss, der Psychopath wohnt darin und der Psychiater kassiert die Miete.

Jerome Lawrence

Mit Drogen hatte ich noch nie ein Problem –
nur mit der Polizei!

Keith Richards

Zuerst schuf der liebe Gott den Mann, dann schuf
Er die Frau. Danach tat Ihm der Mann leid, und
Er gab ihm den Tabak.

Mark Twain

Es mag stimmen, dass es keinen Gott gibt.
Aber versuchen Sie einmal, am Wochenende
einen Installateur zu finden!

Woody Allen

Zweites Kapitel:

Tod

Es klopft an der Himmelspforte: Petrus öffnet die Tür und sieht draußen einen bleichen Mann stehen. Der bleiche Mann sagt: „Hallo, ich bin der Hub …", und schon ist er wieder verschwunden.

Petrus denkt sich: „Was war denn das für ein komischer Kauz", und macht die Tür wieder zu.

Eine halbe Minute später. Es klopft, Petrus öffnet, der Mann von vorhin steht draußen und sagt: „Hallo, ich bin der Hub …", und zack! – schon ist er wieder weg.

So geht es zwei Mal, da wird es Petrus zu bunt und er wendet sich an Gott: „He, Boss, was hat denn das zu bedeuten? Da klopft alle paar Minuten so ein bleicher Typ an die Tür, sagt ,Hallo, ich bin der Hub …' und zack, ist er auch schon wieder weg."

Gott überlegt einen Moment und erwidert: „Ach ja. Das ist der Huber Sepp, der wird gerade reanimiert …"

Vom Witze-Erzählen

Es heißt, wenn du einem Moslem einen Witz erzählst, würde er dreimal lachen. Das erste Mal lacht er, wenn du ihm den Witz erzählst – um höflich zu sein. Beim zweiten Mal lacht er, wenn du ihm den Witz erklärst – wieder um höflich zu sein. Schließlich lacht er noch ein drittes Mal, etwa dreißig Minuten später, wenn er plötzlich die Pointe versteht. Wenn du einem Christen den gleichen Witz erzählst, lacht er zweimal. Beim ersten Mal lacht er, wenn du ihm den Witz erzählst – um höflich zu sein. Beim zweiten Mal lacht er, wenn du ihm den Witz erklärst – um höflich zu sein. Er wird kein drittes Mal lachen, denn er wird den Witz niemals verstehen. Wenn du einem Buddhisten den gleichen Witz erzählst, wird er ein Mal lachen, weil er ihn versteht. Wenn du den gleichen Witz einem Juden erzählst, wird er überhaupt nicht lachen. Stattdessen wird er sagen: „Das ist ein alter Witz, und außerdem erzählst du ihn falsch."

Tarzan

Im Wartezimmer eines Nervenarztes führt sich einer der Patienten auf wie Tarzan. Er hüpft von Stuhl zu Stuhl und hängt schließlich mit einer Hand an der Deckenlampe.

„Wer hat Ihnen eigentlich gesagt, dass Sie Tarzan sind?", erkundigt sich ein Mitpatient.

„Der liebe Gott persönlich!"

Verdutzt schaut ein älterer, weißhaariger Mann von seiner Illustrierten auf: „Was soll ich gesagt haben?"

Die Vorbereitung

Zum Scheich eines Derwischordens kamen einst einige Männer und klagten über ihre Nachbarn, weil die ihre Nächte mit Gesang, Trinken und Kartenspielen zubrächten, – ja sogar in manchen Nächten mit kleinen Diebstählen ihre Mitbürger schädigen würden. Der Scheich entschied: „Seht, das ist gar nicht so schlecht! Sie wachen während der Nacht: Das ist besser als zu viel schlafen. Sie spielen Karten: Das ist gut, denn dabei müssen sie ihren Kopf anstrengen, und sie üben, sich zu konzentrieren. Sie trinken: Der Rausch bringt sie in das Gefühl außergewöhnlicher Bewusstseinszustände, so lernen sie ein bisschen die Herrlichkeit des Himmels kennen – wenn auch nur für kurze Zeit. Sie singen: Das befreit und ist die schönste Art Gottesdienst. Sie stehlen: Dabei lernen sie die Kunst der Meditation, denn sie müssen ganz in ihrer Mitte verweilen, wie die Katze vor dem Mauseloch, keinen Augenblick dürfen sie unachtsam sein."

Der Scheich holte tief Luft. „Also, jetzt fehlt nur noch die Umkehr. Was glaubt ihr, wie wundervoll sie dann Allah dienen werden!"

Der Gestank

Mullah Nasrudin erzählt in der Teestube, dass er sich eine Ziege gekauft hat, er will das Geld für die tägliche Milch sparen.

„Aber du hast doch gar keinen Stall!", wendet ein Zuhörer ein.

„Ich bringe sie erst mal im Schlafzimmer unter", antwortet Nasrudin.

„Aber denk doch mal an den Gestank!", gibt ein Zuhörer zu bedenken.

„Ach", erwidert Nasrudin, „daran muss sie sich eben gewöhnen!"

Progressiv

Drei Kirchenvorsteher streiten sich, wer von ihnen wohl den progressivsten Pfarrer hätte. Der erste sagt: „Unser Pfarrer veranstaltet während der Fastenzeit Tanzveranstaltungen."

Der zweite sagt: „Unserer isst am Karfreitag vor versammelter Gemeinde ein Schinkenbrot."

Der dritte bemerkt: „Unser Pfarrer hängt Weihnachten ein Schild an die Kirchentür: Wegen der Feiertage geschlossen!"

Weisheit der Dakota-Indianer

Eine Weisheit der Dakota-Indianer lautet: „Wenn du entdeckst, dass du ein totes Pferd reitest, steig ab." Wir aber

- besorgen eine härtere Peitsche und größere Sporen.
- versuchen, unsere Reittechnik zu verbessern.
- sagen: „So wurde das Pferd doch schon immer geritten."
- lassen ein Gutachten erstellen, das die Lebendigkeit des Pferdes nachweist.
- stellen fest, dass andere auch tote Pferde reiten, und erklären dies zum Normalzustand.
- gründen einen Arbeitskreis, um das Verhalten des Pferdes zu analysieren.
- bilden eine Rettungsmannschaft, die das tote Pferd wiederbeleben soll.
- ändern die Kriterien, die besagen, ob ein Pferd tot ist.
- schirren mehrere tote Pferde zusammen an, denn wenn man sie schon nicht reiten kann, können sie doch vielleicht eine Kutsche ziehen!

- frieren das Pferd ein und warten auf eine neue Technologie, die es uns eines Tages ermöglicht, tote Pferde zu reiten.
- bilden einen Gebetskreis, um unser Pferd gesundzubeten.
- wetten, dass das Vieh nur simuliert!

Was bedeutet es?

Ein Kunstkritiker sagte einmal zu Picasso: „Ungemein schön, Ihre Gemälde – aber was bedeuten sie? Zum Beispiel dieses hier: Was bedeutet es?", und er zeigte auf ein Bild, vor dem die beiden gerade standen.

Picasso zuckte die Achseln und sagte: „Sehen Sie da zum Fenster hinaus – der Baum dort: Was bedeutet er?"

Das geht vorüber

Ein Schüler berichtete seinem Lehrer und Meister: „Meine Meditation ist fürchterlich! Entweder bin ich dauernd abgelenkt, oder meine Beine schmerzen, oder ich schlafe ein. Es ist einfach schrecklich."

„Das geht vorüber", bemerkte der Meister nüchtern.

Eine Woche später suchte der Schüler erneut seinen Lehrer auf: „Meine Meditation ist wunderbar. Ich fühle mich achtsam, friedlich und lebendig. Es ist einfach wundervoll."

„Das geht vorüber", bemerkte der Lehrer nüchtern.

„Geht alles vorüber?", fragte der Schüler.

„Ja", sagte der Lehrer belustigt, „in der Tat, auch das Vorübergehen geht eines Tages vorüber."

Der Spaßvogel

Angesichts der Wolken, die sich dunkler und dunkler zusammenballen, ist sich der Bauer nicht ganz sicher, ob es ihm gelingt, sein Heu trocken in die Scheune zu bringen. Aber es klappt doch noch, und als er dann die letzte Fuhre wohlbehalten auf dem Hof hat und der Knecht sie zum Abladen auf die Tenne bringt, kann er es sich nicht verkneifen, spöttisch zum Himmel hinaufzurufen: „Dieses Mal bin ich aber schneller gewesen!"

Da fällt der hoch beladene Heuwagen um. Schon holt der Bauer tief Luft, um seinem Unmut in deftigen Worten freien Lauf zu lassen. Da hält er inne, blickt nach oben und murmelt: „Kannst du denn gar keinen Spaß vertragen?"

Himmlischer Betriebsausflug

Im Himmel wird der diesjährige Betriebsausflug geplant. Man weiß nicht so recht, wohin man fahren soll. Die erste Idee: Bethlehem. Maria ist dagegen. Mit Bethlehem hat sie schlechte Erfahrungen gemacht: kein Hotelzimmer frei. Nächster Vorschlag: Jerusalem. Das lehnt Jesus entschieden ab, hat er doch ganz schlechte Erfahrungen in Jerusalem gemacht. Nächster Vorschlag: Rom. Die allgemeine Zustimmung hält sich in Grenzen, nur der Heilige Geist findet die Idee klasse: „Oh, toll, Rom! Da war ich noch nie!"

Das Butterbrot

Ein Mann aus Chelm, der Stadt der Narren, kommt mit einer Frage zum Rabbi. „Wie kommt es", fragt er, „dass ein Butterbrot immer mit der Butterseite nach unten fällt?"

„So ein dummer Aberglauben", entrüstet sich der Rabbi. „Wir wollen sehen, ob das stimmt."

Der Rabbi streicht Butter auf eine Scheibe Brot und lässt sie fallen. Die Butterseite zeigt nach oben. „Nun, was sagst du jetzt?", triumphiert der Rabbi.

„Aber Rabbi", kommt die Antwort, „das beweist, dass du die Butter auf die falsche Seite geschmiert hast."

Müßiggang ist das Ende

Nachdem der Mann gestorben ist, findet er sich an einem wunderschönen Ort wieder. Ein elegant gekleideter Herr begrüßt ihn: „Ich stehe ausschließlich zu Ihrer Verfügung. Sie können alles haben, was Sie sich wünschen – alle erdenklichen Speisen, alle Besitztümer, alle Sinnenfreuden werden befriedigt."

Der Mann ist begeistert, genießt die leckersten Speisen, erfreut sich an seinem neuen Besitz, lebt seine Begierden aus.

Nach einiger Zeit wird es ihm langweilig, und er ruft den eleganten Herrn zu sich.

„Ich mag nichts Neues besitzen und ich mag auch nicht mehr essen und trinken, ich mag auch sonst nichts mehr ... Ich brauche eine Aufgabe. Sagen Sie, welche Arbeit können Sie mir geben?"

Da schüttelt der elegante Herr den Kopf: „Es tut mir leid, aber diesen Wunsch kann ich Ihnen nicht erfüllen, denn es gibt hier keine Arbeit für Sie."

Darauf ruft der Mann: „Aber was soll ich denn die ganze Zeit tun? Das ist ja furchtbar! Ebenso gut könnte ich in der Hölle schmoren!"

Der elegant gekleidete Herr fragt leise:
„Was glauben Sie eigentlich, wo Sie hier sind?"

Lola, das Freudenmädchen

Der Pfarrer besucht einen pensionierten Seemann.
Zum Unmut des Pfarrers ruft der Papagei des
Seemanns alle drei Minuten: „Ich bin Lola, das
Freudenmädchen!"

„So kann das aber nicht weitergehen", bemerkt
der Pfarrer, „meine beiden Papageien Lukas und
Matthäus lesen täglich in der Bibel und singen aus
dem Gesangbuch. Ich werde Lola eine Zeitlang
in Pension nehmen, das hat mit Sicherheit einen
positiven Einfluss auf sie."

Als der Pfarrer wenig später mit dem Vogel-
käfig seine Wohnung betritt, fängt Lola prompt
zu rufen an: „Ich bin Lola, das Freudenmädchen!"

Darauf ruft Matthäus: „Lukas, klapp die Bibel
zu! Der Herr hat unsere Gebete erhört."

Der Falschsager

Der berühmte Diogenes trifft eines Tages in Olympia auf einen Wahrsager, der von einer großen Schar Schaulustiger umringt ist. „Bist du ein guter oder ein schlechter Wahrsager?", fragt Diogenes den Mann ohne Umschweife.

„Ein hervorragender", entgegnet der Wahrsager äußerst selbstbewusst.

„Nun gut, machen wir die Probe aufs Exempel", kündigt Diogenes an und hebt einen Stock in die Höhe. „Werde ich dir mit diesem Stock auf den Kopf schlagen oder nicht?"

Der Seher denkt eine Zeitlang nach und verkündet dann das Ergebnis seines Blickes in die Zukunft: „Du wirst es nicht tun!"

Kaum ist diese bedeutungsvolle Weissagung erfolgt, lässt Diogenes den Stock auf den Kopf des Sehers niedersausen. Die Umstehenden schreien empört auf.

„Wieso dieses Geschrei?", fährt Diogenes sie an. „Da er sich als schlechter Wahrsager erwiesen hat, hat er sich die Prügel redlich verdient."

Der Wilderer

Ein Pastor aus der Großstadt wird zur Aushilfe in ein kleines Dorf geschickt. Bei der Beichte gesteht ein Bauer, dass er gewildert hat. Auf ein solches Problem nicht vorbereitet, geht der Pastor hinüber zum anderen Beichtstuhl und flüstert dem Dorfkaplan zu: „Da hat einer ein Reh gewildert, was soll ich ihm geben?"

Flüstert der Kaplan zurück: „Auf keinen Fall mehr als vier fünfzig das Kilo."

Marktwirtschaft

Ein Kaufmann aus Mexico City will Freunde im Hinterland besuchen. Nach stundenlanger Autofahrt bei brütender Hitze macht er in einem kleinen Dorf Rast. Ein alter Indio sitzt vor einer armseligen Hütte auf dem staubigen Boden und flechtet mit viel Geschick an einem prächtigen Korb. Dem Kaufmann gefällt der Korb, und er fragt nach dem Preis.

„Fünfzig Pesos, Señor", antwortet der Alte.

Das ist sehr billig, und schon rechnet der Kaufmann sich aus, welchen beträchtlichen Gewinn er erzielen könnte, wenn er derartige Körbe in der Hauptstadt den Touristen anbieten würde.

„Und was würden zwanzig Körbe kosten?", fragt der Kaufmann neugierig.

„Hm, zwanzig Körbe?", der Alte denkt kurz nach. „100 Pesos das Stück, Señor."

„Aber wie kann das sein? Wenn ich Ihnen so viele abnehme, müsste es doch pro Stück billiger werden!", klagt der Kaufmann.

„Aber nein, Señor. Einen Korb machen, das ist ein Vergnügen und macht Freude; aber zwanzig Körbe machen, das macht keinen Spaß mehr, das ist viel, viel Arbeit."

Der kleine Scharlatan

Ein Ethnologe ist auf Afrikareise, um die Heilkunst der Medizinmänner zu studieren. Eines Abends besucht er die einzige Kneipe des kleinen Dorfes tief im Landesinneren, als zu seinem großen Erstaunen ein kleines Männchen von höchstens vierzig Zentimeter Größe die Bar betritt! Der Barkeeper hebt das Männchen, das die typische Kleidung eines weißen Farmers trägt, empor und setzt es direkt vor sich auf die Theke. Der Ethnologe schaut fragend zum Barkeeper. Der Barkeeper wendet sich daraufhin an das kleine Männchen: „He, Joe! Erzähle doch dem Fremden die Geschichte, als du damals zum Medizinmann Großer Donner ‚Du fieser kleiner Scharlatan' gesagt hast."

Cave canem!

Mullah Nasrudin hat einen acht Wochen alten Welpen geschenkt bekommen. Der Mullah freut sich, wie ausgelassen der Hund im Garten herumtollt, und bringt sogleich ein großes Schild an der Gartentür an: *Vorsicht, Hund!*

Der Briefträger, der wenig später kommt, spottet: „Ist es dir nicht peinlich, Mullah, ein so großes Schild an die Gartentür zu hängen, wo der Hund doch so winzig ist?"

Der Mullah schüttelt den Kopf: „Genau darum geht es doch. Das Schild ist dazu da, damit der kleine Hund nicht von einem Tollpatsch wie dir, der den Garten betritt, zertreten wird."

Die Radtour

Mullah Nasrudin und seine Frau fahren mit einem Tandem. Plötzlich geht es steil bergauf. Oben angekommen, steigt Nasrudins Frau schweißgebadet ab und lässt sich erschöpft ins Gras fallen: „War das ein verdammt steiler Berg!"

Darauf erwidert Nasrudin: „Ja, und wenn ich nicht immer wieder mit aller Kraft gebremst hätte, wären wir womöglich rückwärts heruntergerollt."

Die Grenze

Als die russisch-finnische Grenze gezogen wurde, musste ein alter Bauer sich entscheiden, ob er in Russland oder in Finnland leben wollte. Nach langer Bedenkzeit entschied er, er wolle in Finnland leben, und als ihn die Beamten fragten, wieso, sagte er: „Ich fürchte, in meinem Alter könnte ich keinen russischen Winter mehr überleben."

Mit-arbeit

Ein Großstädter zieht aufs Land und kauft sich
ein kleines Haus mit einem völlig verwilderten
Grundstück. In harter Arbeit macht er aus der
Einöde einen wunderschönen Garten. Der Dorf-
pfarrer beglückwünscht ihn: „Ich gratuliere. Der
liebe Gott und Sie haben hier ja saubere Arbeit
geleistet."

„Na ja, Herr Pfarrer, das stimmt schon; aber
Sie hätten das hier mal sehen sollen, als der liebe
Gott sich allein damit beschäftigte."

Der Störenfried

Ein sehr religiöser, sehr moralischer Rabbi stirbt –
und am selben Tag stirbt auch ein Sünder, den
der Rabbi gut kannte, denn der Sünder wohnte
genau gegenüber der Synagoge. Der Rabbi kann
es nicht glauben – er wird in die Hölle geschickt,
der Sünder kommt in den Himmel! Der Rabbi
beschwert sich lautstark: „Was soll das? Ich, ein
Heiliger, werde in die Hölle geschickt, und dieser

Sünder wird in den Himmel gelassen! Da muss irgendwo ein Fehler passiert sein."

Der Rabbi macht einen solchen Radau, dass schließlich beide Gott persönlich vorgestellt werden, und der Rabbi klagt: „Du weißt sehr genau, dass ich mein ganzes Leben lang immer nur gebetet habe von früh bis spät und deinen Namen ständig wiederholt habe. Und dieser Mann hat nie gebetet, war nie im Tempel und hat alle nur erdenklichen Sünden begangen – und er kommt in den Himmel, und ich werde in die Hölle geschickt! Das ist ungerecht, bitte, erkläre das!"

Und Gott sagt: „Ja, ich weiß, aber er ließ mir auch meine Ruhe. Du dagegen hast mir ständig in den Ohren gelegen, selbst nachts war es mir kaum möglich zu schlafen, wie du mich ständig bei meinem Namen riefst."

Die Suche nach Perfektion

Ein Mann blieb sein Leben lang Junggeselle, weil er auf der Suche nach der perfekten Frau war. Als er achtzig Jahre alt wurde, fragte ihn jemand: „Du bist auf der ganzen Welt umhergereist und hast überall gesucht. Konntest du nicht eine einzige perfekte Frau finden?"

Der alte Mann sagte traurig: „Doch, einmal bin ich einer begegnet."

Der andere fragte neugierig: „Und was ist dann passiert?" Warum hast du sie nicht geheiratet?"

Da wurde der Alte noch trauriger: „Was sollte ich machen? Sie war auf der Suche nach dem perfekten Mann."

Der sprechende Ochse

In der Teestube hat sich Mullah Nasrudin zu einem Zug aus der Opiumpfeife überreden lassen. Nichtsdestotrotz geht er anschließend zur Feldarbeit und spannt die Ochsen ein. Als der Ochse nur widerwillig den Pflug zu ziehen beginnt, schimpft Nasrudin: „Du Faulpelz ... willst du wohl arbeiten!" Und der Mullah lässt laut die Peitsche knallen.

Da dreht der Ochse sich um und sagt: „Du hast es gerade nötig, du bist ein viel größerer Faulpelz als ich. Du unverschämter Lump!"

Als er den Ochsen so sprechen hört, fällt dem Mullah vor Schreck die Peitsche aus der Hand, und wie von der Tarantel gestochen rennt er los. Sein treuer Hund hat Mühe ihm zu folgen. An einem großen Baum setzt sich Nasrudin schließlich schweißüberströmt nieder: „Allmächtiger! Das ist das erste Mal, dass ich einen Ochsen sprechen hörte."

Sein Hund pflichtet ihm bei: „Ich auch!"

Der Angeber

Ein reicher Aufschneider führte einmal einen Sufi-Meister durch sein Haus. Er zeigte ihm einen Raum nach dem anderen, jeder angefüllt mit wertvollen Kunstwerken, kostbaren Teppichen und erlesenen Antiquitäten. Am Ende der Besichtigung fragte der Angeber: „Was hat Sie denn nun am meisten beeindruckt?"

Der Sufi-Meister antwortete: „Die Tatsache, dass die Erde stark genug ist, das Gewicht eines so beladenen Hauses zu tragen."

Name ist Schall und Schinken

Ein Jude kommt zum Metzger, zeigt auf einen großen, saftigen Schinken und sagt: „Ich hätte gern diesen Fisch dort."

„Aber das ist doch ein Schinken!"

„Mich interessiert nicht, wie der Fisch heißt", erwidert der Jude barsch, „packen Sie ihn mir ein!"

Der Angelausflug

Mullah Nasrudin fährt mit einem Freund für einige Tage zum Angeln. Sie mieten zwei Angelruten, einen Wagen mit Pferd und eine Hütte am Seeufer. Am ersten Tag werfen sie ihre Angeln aus, fangen aber keinen einzigen Fisch. Das Gleiche passiert am zweiten und am dritten Tag, bis sie endlich am vierten und letzten Tag ihres Ausflugs einen einzigen Fisch fangen. Auf der Heimfahrt sind beide sehr niedergeschlagen. Da sagt der Freund zum Mullah: „Ich habe gerade ausgerechnet, dass uns dieser eine Fisch 500 Drachmen gekostet hat!"

„Unglaublich", erwidert Nasrudin und fügt mit einem Seufzer der Erleichterung hinzu: „Allah sei Dank, haben wir nicht mehr gefangen!"

Gottvertrauen

Nachdem das Flugzeug in heftige Turbulenzen geraten war und es der Stewardess, nachdem sie auf den tüchtigen Piloten und die Verkehrssicherheit im Allgemeinen verwiesen hatte, nicht gelungen war, eine ältere Dame zu beruhigen, sagte sie schließlich zu ihr: „Vertrauen Sie doch einfach auf Gott!"

Da riss die alte Dame die Augen auf: „Ist es so schlimm?"

Diese Bestie

Ein Mann eilt zu einem Magier: „Bitte hilf uns! Meine Frau stirbt!"

Der Magier geht ins Nebenzimmer, kommt nach zehn Minuten mit Schweißperlen auf der Stirn wieder heraus und sagt: „Sie ist gerettet! Ich habe dem Todesengel das Schwert entrungen!"

Der Mann dankt überschwänglich, zahlt einen stattlichen Betrag und eilt heim.

Doch schon bald kommt er zurück und klagt: „Meine Frau ist tot!"

Der Magier ist empört: „Diese Bestie von Todesengel! Mit bloßen Händen hat er sie also erwürgt!"

Schneller

Zwei Wanderer stehen plötzlich einem großen wilden Bären gegenüber. In Windeseile reißt sich einer der Männer die Wanderstiefel von den Füßen, holt ein paar Turnschuhe aus seinem Rucksack und zieht sie an.

„Was soll das denn?", fragt sein Begleiter erstaunt. „Auch mit Turnschuhen wirst du nicht schneller sein als der Bär."

„Was kümmert mich der Bär", erwidert der Mann, „Hauptsache, ich bin schneller als du."

Die Sintflut

Eine neuerliche Sintflut ist vorhergesagt worden, und es gibt nichts, wodurch sie sich verhindern ließe; in drei Tagen wird das Wasser die Welt überschwemmen.

Ein buddhistischer Mönch erscheint im Fernsehen und lehrt die Zuschauer, wie man meditiert, um gelassen zu bleiben, wenn die große Flut kommt.

Ein Indianerhäuptling fordert dazu auf, jeder solle den nächstbesten Baum umarmen und sich bei ihm entschuldigen, um so Mutter Erde möglicherweise noch einmal umzustimmen.

Der höchste evangelische Bischof verkündet im Fernsehen die Botschaft: „Noch ist es nicht zu spät, umzukehren und sich zu Jesus Christus zu bekennen!"

Der Papst geht die Sache etwas anders an, er erklärt: „Leute, glaubt mir, wir haben noch genug Zeit zu lernen, wie man unter Wasser lebt."

Der Freispruch

Mullah Nasrudin vertritt als Anwalt einen guten Freund vor Gericht. „Wenn ich mit einem Jahr davonkomme, dann gebe ich dir 500 Drachmen extra", flüstert der Angeklagte dem Mullah vor Beginn der Verhandlung zu.

Nach Stunden juristischer Argumentationen wird schließlich das Urteil verkündet: „Ein Jahr, ohne Bewährung."

„Gut gemacht", lobt der Angeklagte, als man ihn abführt.

„Das war auch ein hartes Stück Arbeit", bemerkt Nasrudin stolz, „die wollten dich doch zuerst tatsächlich freisprechen."

Wie spät ist es?

Ein junger Mann und ein älterer Jude sitzen in einem Zugabteil. Der junge Mann fragt höflich nach der Uhrzeit, doch anstelle zu antworten, starrt der alte Jude schweigend aus dem Fenster. Der junge Mann fragt noch drei Mal höflichst nach der Uhrzeit, doch der Alte tut, als würde er ihn nicht hören. Als sie am Bahnhof aussteigen, spricht der alte Mann plötzlich: „Es ist jetzt 11 Uhr 20."

Der junge Mann ist äußerst irritiert und fragt: „Warum haben Sie nicht schon vorhin mit mir gesprochen?"

Der alte Jude erklärt: „Nun, ganz einfach. Nehmen wir einmal an, ich hätte geantwortet und Ihnen die Uhrzeit gesagt. Wohlerzogen wie Sie nun mal sind, bedanken Sie sich und hätten gesagt, was ich für eine schöne Uhr habe. Ich hätte zu Ihnen gesagt: ‚Ja, die Uhr ist ein wertvolles Stück.' Sie hätten gesagt: ‚Wenn man eine so wertvolle Uhr besitzt, muss man gute Geschäfte machen', ich hätte von meinen Geschäften erzählt – und so wären wir ins Gespräch gekommen. Sie hätten erwähnt, wohin Sie fahren und dass Sie noch nie hier in meiner Heimatstadt

waren und demnach niemanden hier kennen.
Also lade ich Sie höflicherweise zum Essen ein.
Sie kommen mit zu mir nach Hause und lernen
meine hübsche Tochter kennen. Sie finden Gefallen an ihr und sie findet Gefallen an Ihnen und
ruckzuck wollen Sie sich verloben. Und jetzt frage
ich Sie: Was soll ich mit einem Schwiegersohn,
der sich nicht einmal eine Uhr leisten kann?"

Partnerschaftskosten

Einige Tage nachdem Adam erschaffen wurde,
begann er sich im Garten Eden einsam zu fühlen.
Er bat Gott um eine Partnerin. Gott überlegte
und sagte: „Ich werde ein attraktives, intelligentes,
einfühlsames Lebewesen erschaffen, das dich
fortan begleiten soll."

Doch Adam zögerte und fragte misstrauisch:
„Und was kostet mich das?"

Gott erwiderte: „Dein rechtes Auge und deinen
linken Arm."

Adam schüttelte den Kopf: „Was bekomme ich
denn – sagen wir – für eine Rippe?"

Wofür?

Ein Mann sitzt im Wohnzimmer und liest Zeitung.
Da kommt seine Frau herein und gibt ihm eine
schallende Ohrfeige. „Wofür war die denn?", fragt
der Ehemann empört.

„Dafür, dass du ein so schlechter Liebhaber bist!"

Wenige Augenblicke später geht der Ehemann
zu seiner Frau in die Küche und gibt ihr eine Ohrfeige. „Wofür war die denn?", schreit sie ihn an.

„Dafür, dass du den Unterschied kennst!"

Sprüche

Ich habe nicht gewusst, was Glück bedeutet, bis ich geheiratet habe. Da war es leider zu spät.

Vegetarier leben nicht länger – sie sehen nur älter aus.

Wer mit den Hühnern ins Bett geht, darf sich nicht wundern, wenn er mit Salmonellen auf-wacht.

Laster sind schwer zu bremsen.

Heilige Jungrau Maria, gib, dass ich sündige, ohne zu empfangen, wie du empfangen hast, ohne zu sündigen!

Fettflecke werden wie neu, wenn man sie regel-mäßig mit etwas Butter beschmiert.

Lieber keinen Spiegel im Haus als sich jeden Morgen erschrecken.

Alle Menschen sind gleich – mir jedenfalls.

Wer das Leben in vollen Zügen genießen will, sollte Freitagabend mit der Bahn fahren.

Der medizinische Fortschritt ist heutzutage ungeheuer: Bald ist man sich seines Todes nicht mehr sicher.

Der Computer ist die logische Weiterentwicklung des Menschen: mathematische Intelligenz ohne Moral.

Wenn ich die Kraft dazu hätte, würde ich gar nichts machen.

Gott sei Dank wurde Christus vor 2000 Jahren und nicht erst vor 50 hingerichtet – es sähe schon sehr komisch aus, wenn wir kleine elektrische Stühle an unseren Halsketten trügen.

Wer einen Schraubenschlüssel als einziges Werkzeug hat, für den sieht alles nach Muttern aus.

Ich bin eigentlich ein sehr geselliger Mensch. Wenn ich Freunde hätte, würden die das bestätigen können.

Der König sagt zum Priester: „Halte du sie dumm, ich halte sie arm!"

Der Mensch wird frei geboren und dann eingeschult.

Wenn schon arbeitslos, dann wenigstens in einem Beruf, der Spaß macht.

Lieber hochschwanger als niederträchtig.

Man kann doch Autos nicht wie menschliche Wesen behandeln: Autos brauchen Zuneigung!

Manche denken nur auf Befehl.
Denk mal drüber nach!

Was der liebe Gott vom Geld hält, kann man an
den Leuten sehen, denen Er es gibt.   *Peter Bamm*

Frauen sind immer noch die bessere Alternative.
Fragt sich nur, zu was.   *Karl Dall*

Dass in den Kirchen gepredigt wird, macht deshalb die Blitzableiter auf ihnen nicht unnötig.
Georg Christoph Lichtenberg

Wenn ich die Folgen geahnt hätte, wäre ich Uhr-
macher geworden.   *Albert Einstein*

Es wird nirgendwo so subtil über Gott geredet
wie in der Hölle.   *Rudolf Alexander Schröder*

Manche Leute sind beunruhigt über Dinge, die
sie nicht verstehen. Mich dagegen beunruhigen
Dinge, die ich verstehe.   *Mark Twain*

Käme Gott heute auf die Erde, bräuchte Er erst
mal eine Kreditkarte. Allerdings bekäme Er keine.
Er hat kein geregeltes Einkommen.   *Peter Ustinov*

Die Frage ist, wie man die Menschheit überreden
kann, in ihr eigenes Überleben einzuwilligen.

Bertrand Russell

Das beste Mittel gegen viele Sorgen ist eine
einzige Sorge. *Guy de Maupassant*

Die gefährlichste Sorte von Dummheit ist ein
scharfer Verstand. *Hugo von Hofmannsthal*

Wenn man sieht, was der liebe Gott auf der Erde
alles zulässt, hat man das Gefühl, dass Er immer
noch experimentiert. *Peter Ustinov*

Angst vorm Sterben habe ich nicht, ich möchte
nur einfach nicht dabei sein, wenn's passiert.

Woody Allen

Die Zeit ist eine große Lehrmeisterin. Schade ist
nur, dass sie alle ihre Schüler umbringt.

Curt Goetz

Die Jugend ist etwas Wertvolles. Es ist eine wahre
Schande, dass man sie an Kinder vergeudet.

George Bernhard Shaw

Ich bin bereit, meinem Schöpfer gegenüberzu-
treten. Ob mein Schöpfer ebenso bereit ist, diese
Begegnung über sich ergehen zu lassen, ist eine
andere Sache.   *Winston Churchill*

Als die ersten Missionare nach Afrika kamen,
besaßen sie die Bibel und wir das Land. Sie
forderten uns auf zu beten, und wir schlossen
die Augen. Als wir sie wieder öffneten, war die
Lage genau umgekehrt: Wir hatten die Bibel
und sie hatten das Land.   *Desmond Tutu*

Der Volksmund sagt: Religion ist Opium für das
Volk. Das ist irreführend. Opium ist eine bewusst-
seinserweiternde Droge.   *Volker Pispers*

Christi Niederlage war nicht die Kreuzigung,
sondern der Vatikan.   *Jean Cocteau*

Ein Esel stellt sich Gott als Esel vor. Der Papst stellt
sich Gott als Mann vor.   *Uta Ranke-Heinemann*

Es gibt schlimmere Dinge als den Tod. Oder
haben Sie noch nie einen Abend mit einem Ver-
sicherungsvertreter verbracht?   *Woody Allen*

Das schöne Gefühl, Geld zu haben, ist nicht so
intensiv wie das Scheißgefühl, kein Geld zu haben.

Herbert Achternbusch

Kein Breitengrad, der nicht dächte, er wäre der
Äquator geworden, wenn alles mit rechten Dingen
zugegangen wäre.

Mark Twain

Ein reicher Mann ist oft nur ein armer Mann mit
sehr viel Geld.

Aristoteles Onassis

Es ist schön, wenn man die Frau fürs Leben
gefunden hat. Noch schöner ist es, wenn man
ein paar mehr kennt.

Woody Allen

Auch der Dumme hat manchmal einen gescheiten
Gedanken. Er merkt es nur nicht.

Danny Kaye

Alle Männer haben nur zwei Dinge im Sinn.
Geld ist das andere.

Jeanne Moreau

Alles läuft wunderbar. Hoffentlich weckt mich
nicht irgendwann mal einer.

Arnold Schwarzenegger

Geld macht nicht glücklich, sagt man. Wenn die
Armen jedoch wüssten, wie viel Glück sich die
Reichen damit kaufen können, würden sie sich
umbringen.   *Gore Vidal*

Derjenige, der zum ersten Mal anstelle eines
Speeres ein Schimpfwort benutzte, war der
Begründer der Zivilisation.   *Sigmund Freud*

Das Leben ist voller Leid, Krankheit, Schmerz –
und zu kurz ist es übrigens auch.   *Woody Allen*

Drittes Kapitel:

Wiedergeburt

Die Heilquelle

Drei Kriegsveteranen bahnen sich mühsam einen Weg durch einen verwunschenen Wald zu einer heiligen Quelle. Der erste ist auf einem Auge blind, der zweite geht an Krücken, der dritte sitzt im Rollstuhl. Schließlich kommen sie an einen kleinen Bach, den die heilige Quelle speist. Der auf einem Auge Blinde watet als Erster durch den Bach. Am anderen Ufer angekommen, ruft er: „Gott im Himmel, ich danke dir! Dieser Bach besitzt Zauberkräfte, ich kann wieder mit beiden Augen sehen, Gott hat mir ein neues Auge gegeben!"

Da humpelt der mit dem verkrüppelten Bein durch das Wasser. Am anderen Ufer angekommen, wirft er seine Krücken weg und hüpft vor Freude: „Mein Bein, mein Bein, ich kann wieder gehen! Gott hat mir ein neues Bein geschenkt!"

Der Rollstuhlfahrer freut sich schon, rollt durch den Fluss, doch am anderen Ufer angekommen ruft er verärgert: „Verdammt! Nur ein Satz neuer Reifen!"

Ein junger Mann kam zu einem Meister des Schwertkampfes: „Ich möchte Ihr Schüler und der beste Schwertkämpfer im ganzen Land werden. Wie lange muss ich dafür trainieren?"

„Mindestens zehn Jahre", sagte der Meister.

„Zehn Jahre sind eine lange Zeit", entgegnete der junge Mann. „Was ist, wenn ich doppelt so hart trainiere wie alle anderen Schüler?"

„Zwanzig Jahre", antwortete der Meister.

„Zwanzig Jahre! Und wenn ich Tag und Nacht mit all meiner Kraft übe?"

„Dreißig Jahre", antwortete der Meister.

„Wie kommt es, dass es umso länger dauert, je mehr ich mich anstrenge?", fragte der junge Mann.

„Die Antwort liegt auf der Hand", antwortete der Meister, „Wenn ein Auge auf das Ziel gerichtet ist, bleibt nur ein Auge, um den Weg zu finden."

Auf einem Bergbauernhof hat sich der Großvater erhängt. Die Mutter sagt zu ihrem kleinen Sohn: „Anton, lauf schnell ins Dorf zum Pfarrer und sag ihm, dass der Großvater gestorben ist! Sag aber nicht, dass er sich erhängt hat, sonst bekommt er kein christliches Begräbnis! Aber belügen darfst du den Herrn Pfarrer auch nicht!"

Anton rennt ins Dorf zum Pfarrer und ruft: „Herr Pfarrer! Herr Pfarrer! Der Großvater ist gestorben!"

Daraufhin sagt der Pfarrer mitfühlend, während er die Hände faltet: „Ach je, hat ihn der Herr zu sich gerufen?"

Anton, an die Worte der Mutter denkend, widerspricht: „Nein, nein, nicht gerufen ... Mit dem Lasso hat Er ihn sich geholt."

Der Papagei Koko

Der Kardinal von Köln schenkt bei einem Besuch in Rom dem Papst seinen langjährigen Gefährten, den Papagei Koko. Jeden Morgen begrüßt Koko nun seine Heiligkeit mit den Worten: „Guten Morgen, Eminenz!"

Nach vier Wochen beschließt der Papst, dem Papagei zu demonstrieren, dass einem Papst mehr gebührt als die Anrede eines Kardinals. So lässt er sich am nächsten Morgen in der ganzen Pracht des päpstlichen Zeremoniells im Tragesessel mit der Tiara gekrönt und von der Schweizergarde in ihren blinkenden Uniformen begleitet in das Zimmer von Koko bringen. Der Vogel erstarrt, scheint sich plötzlich an etwas zu erinnern und krächzt dann lauthals: „Kölle alaaf!"

Zuneigung

Adam fragt Gott: „Lieber Gott, warum hast du die Frauen so schön gemacht?"

Gott antwortet: „Damit du sie magst."

Adam fragt weiter: „Lieber Gott, warum hast du die Frauen so warmherzig und zart gemacht?"

Gott antwortet: „Damit du sie magst."

Adam fragt erneut: „Aber, lieber Gott, warum hast du sie so dumm gemacht?"

Gott antwortet: „Damit sie dich mögen."

Halte mich nicht auf!

Ein Zwanzigjähriger, der bisher stets sehr scheu und schüchtern gewesen war, beschließt eines Abends, sein Leben radikal zu ändern. Er betritt das Wohnzimmer und sagt mit fester Stimme zu seinem Vater: „Ich gehe jetzt los, in der Stadt ein paar hübsche Mädchen aufreißen, ich werde mich so richtig besaufen und auf die Pauke hauen. Ich werde all das machen, was man in meinem Alter so macht, und endlich Action in mein trostloses Leben bringen. Ich meine es ernst, versuche also erst gar nicht, mich aufzuhalten!"

Der Vater wendet seinen Blick vom Fernseher ab und sagt: „Was heißt hier aufhalten? Bitte, nimm mich mit!"

Eine Frage der Perspektive

Sherlock Holmes und Dr. Watson gehen campen. Sie verbringen einen wundervollen Tag in der freien Natur, und als es dämmert, errichten sie ihr Zelt. Nach einem einfachen Mahl kriechen sie in ihre Schlafsäcke und sinken in tiefen Schlaf. Stunden später wacht Holmes auf und weckt seinen Assistenten mit einem leichten Stoß in die Rippen. „Watson", sagt er. „Öffnen Sie schnell die Augen! Betrachten Sie den Himmel und sagen Sie mir, was Sie davon halten!"

Watson erwacht schlaftrunken. „Ich sehe Sterne, Holmes", antwortet er. „Unendlich viele Sterne."

„Aha! Und was folgern Sie daraus, Watson?", fragt Holmes.

Watson denkt für einen Augenblick nach und sagt: „Astronomisch gesehen sagt es mir, dass es dort draußen Millionen von Galaxien und daher logischerweise Milliarden von Sternen gibt. Ich nehme deshalb an, dass doch eine ganze Menge gegen die Theorie spricht, dass wir allein im Universum sind. Astrologisch betrachtet sehe ich, dass Saturn mitten im Sternbild Löwe steht, daraus schließe ich, dass es etwa drei Uhr ist. Theologisch gesehen sagt es mir, dass Gott groß und wir Menschen klein und unwesentlich sind. Und ich fühle mich demütig angesichts dieser unendlichen Weiten. Meteorologisch gesehen sagt es mir, dass wir eine klare Nacht haben und morgen wahrscheinlich einen schönen Tag … Aber was sagt es Ihnen, Holmes?"

„Lieber Watson, die Tatsache, dass wir über uns den Himmel sehen, sagt mir, dass jemand unser Zelt gestohlen hat."

Alternativmedizin

Ein Tourist sticht sich in Mittelamerika seinen Daumen an einem Kaktusstachel und muss zu Hause feststellen, dass er sich eine winzige, aber äußerst schmerzhafte Entzündung unter dem Daumennagel eingefangen hat. Er eilt von Arzt zu Arzt und hört mit zunehmendem Entsetzen, dass alle zur sofortigen Amputation des gesamten Arms raten.

In seiner Not erkundigt er sich nach Naturheilern und fliegt auf Anraten eines Freundes zu einem weltberühmten chinesischen Heilpraktiker. Dieser untersucht ihn eingehend. Der Kranke fragt ihn äußerst besorgt: „Muss ich meinen Arm wirklich amputieren lassen?"

„Ach was! Aber nein, nein, nein", versichert der chinesische Naturheiler.

Der Patient lächelt erleichtert: „Sie müssen wissen, alle westlichen Ärzte, die ich konsultiert habe, sagten, ich müsste sofort operiert werden."

Der chinesische Heiler erregt sich: „Diese westlichen Doktoren! Immer nur operieren, operieren, operieren. Warten Sie zwei Wochen – und Ihr Arm fällt ganz von alleine ab."

Zimmer frei?

Maria und Josef bitten in Bethlehem um Quartier.

Gastwirt: „Ich habe kein Zimmer frei."

Josef, auf Marias Bauch zeigend: „Sehen Sie denn nicht, in welchem Zustand sie ist?"

Gastwirt unwirsch: „Dafür kann ich doch nichts."

Josef entrüstet: „Ich vielleicht?"

Auserwählt

Ein alter Jude, der sein Leben lang unter dem Antisemitismus gelitten hat, betet in der Synagoge: „Herr, ist es wahr, dass wir dein auserwähltes Volk sind?"

Und aus dem Himmel dröhnt eine Stimme: „Ja, ihr Juden seid mein auserwähltes Volk!"

„Ja dann", bemerkt der Alte, „wird es nicht langsam Zeit, dass du jemand anderen auserwählst?"

Das Almosen

Eines Tage reparierte Mullah Nasrudin gerade das Dach seines Hauses, da rief ihn ein Mann auf die Straße herunter. Nasrudin stieg hinab und fragte den Mann, was er wolle.

„Eine milde Gabe."

„Warum hast du mir das nicht gleich gesagt, als du mich gerufen hast?"

„Ich schäme mich zu betteln."

„Komm mit hinauf aufs Dach."

Auf dem Dach angelangt, begann Nasrudin wieder Dachziegel zu verlegen. Der Mann hüstelte, und Nasrudin sagte ohne aufzusehen: „Ich habe kein Geld für dich."

„Was! Das hättest du mir auch sagen können, bevor ich mit dir hier aufs Dach kletterte!"

Nasrudin erklärte: „Wie hättest du mich dann für das Herabsteigen entschädigen können?"

Die katholische Hölle

Eines Tages kommt ein alter Schwerenöter in die Hölle. Er wird vom Teufel persönlich empfangen: „Einen schönen Tag, der Herr! Bier, Wein, Sekt, Limonade gefällig?"

„Waaas? Das gibt's hier?"

„Ja, aber natürlich, alles das gibt es hier. Und tolle Frauen, Bars, Nachtclubs …"

„Waaas? So tolle Sachen? Und was noch?"

„Restaurants, Sandstrände, Kinos, Solarien …"

„Toll! Und was ist hinter der hohen Betonwand da hinten?"

„Da geht Sie nichts an."

„Ich will es aber wissen."

„Also gut, hinter der Betonwand brennt ein gewaltiges Feuer."

„Aha! Also doch!"

„Ach was, das ist nur für die Katholiken – die wollen es nicht anders."

Die Flussüberquerung

Drei Männer kommen an einen reißenden Fluss und wissen nicht, wie sie ihn überqueren sollen. Schließlich kniet einer der Männer nieder und betet: „Herr, bitte gib mir die Kraft, diesen Fluss überqueren zu können!"

Und Gott gibt ihm lange Arme, breite Schultern und kräftige Beine, so dass es ihm gelingt, in zwanzig Minuten den Fluss schwimmend zu durchqueren – auch wenn er zweimal beinahe ertrunken wäre.

Daraufhin kniet der zweite Mann nieder und betet: „Lieber Gott, bitte gib mir die Kraft und das nötige Werkzeug, diesen Fluss überqueren zu können!"

Und Gott gibt ihm ein kleines Boot, so dass es ihm gelingt, in zehn Minuten den Fluss zu überqueren – auch wenn er einmal fast gekentert wäre.

Daraufhin kniet der dritte Mann nieder und betet: „Gott im Himmel, bitte gib mir die Kraft, das nötige Werkzeug und die Intelligenz, diesen Fluss überqueren zu können."

Und Gott verwandelt den Mann in eine Frau. Sie wirft einen Blick auf eine Landkarte, die zu ihren Füßen liegt, geht um die nächste Flussbiegung und schlendert vergnügt über eine komfortable Holzbrücke.

Die Not-wendigkeit zu essen

Eine große Dürre grassiert, und daraus resultiert eine sehr bedrohliche Nahrungsmittelknappheit. Der orthodoxe Rabbiner befiehlt der Gemeinde zu fasten; der progressive chassidische Rabbi ordnet umgekehrt ein großes Essgelage an. Zur Rede gestellt, erklärt der Chassid: „Das muss sein, damit der da oben merkt, dass wir wirklich zu essen brauchen. Wenn wir fasten, denkt Er am Ende, wir könnten auch ohne Essen auskommen."

Die erste Predigt

Der junge Pastor hat vor seiner ersten Predigt enormes Lampenfieber. Er fragt den Apotheker, was er dagegen tun könne. Der Apotheker rät ihm, zur Beruhigung einen Schnaps zu trinken, und zwar immer dann, wenn er merkt, dass seine Hände zittern.

Nachdem des Pastors Hände neunmal gezittert haben, besteigt er die Kanzel. Nach der Predigt verlässt er unter lang anhaltendem Beifall und Bravo-Rufen ganz gerührt die Kanzel und fragt stolz den Apotheker, was er von seiner Vorstellung halte.

Der Apotheker lobte den Pastor bezüglich seiner lauten Stimme und seiner körperbetonten Gestik, allerdings hätten sich doch ein paar kleine Fehler eingeschlichen:

1. Kain hat Abel nicht mit einem Revolver erschossen, sondern er hat ihn erschlagen.

2. Die „Bergpredigt" fand nicht in einem „Berghotel" statt.

3. Dann war das nicht ein warmherziger Bernhardiner, sondern ein barmherziger Samariter.

4. Weiter heißt es nicht „Sucht mich nicht in der Unterführung", sondern „Führe mich nicht in Versuchung".

5. Gott opferte seinen Sohn nicht irgendwelchen Eingeborenen, sondern Er opferte seinen eingeborenen Sohn.

6. Jesus ist nicht auf einer Kreuzung überfahren worden, sondern er ist ans Kreuz geschlagen worden.

7. Bin Laden hat nichts mit dem Tod von Jesus zu tun.

„… Und grundsätzlich sollten Sie Folgendes beachten: Es ist nicht nötig, Zitronenscheiben am Kelchrand zu platzieren, und verzichten Sie möglichst darauf, die Statue der Jungfrau Maria zu umarmen.

Das Weihwasser ist zum Segnen da und nicht um sich den Nacken zu erfrischen!

Die Aufforderung zum Tanz war nicht schlecht, aber bitte doch nicht in einer Polonaise durchs Kirchenschiff.

Und am Schluss heißt es ‚Amen' und nicht ‚Prost'!"

Ein himmlischer Architekt

Ein Architekt klopft an die Himmelspforte. Petrus, von moderner Architektur alle andere als begeistert, verwehrt ihm nach einem kurzen Gespräch den Einlass und schickt den Architekten zur Hölle. Dort angekommen wird er sofort aktiv. Er baut Straßen, Brücken, Hochhäuser, Einkaufszentren, riesige Ventilationssysteme und viele Dinge mehr zum großen Wohlgefallen des Teufels und aller Anwesenden.

Im Himmel schaut man diesen Entwicklungen neidisch zu. Eines schönen Tages lässt Gott den Teufel zu sich rufen: „Was fällt dir ein, einen solch genialen Architekten bei dir zu behalten?"

Der Teufel antwortet schadenfroh: „Was soll das? Ihr habt ihn doch zu mir geschickt ..."

Gott protestiert erregt: „Ich verlange von dir, dass du einen solchen Wohltäter sofort zu uns in den Himmel schickst. Andernfalls sehe ich mich veranlasst, dich zu verklagen!"

Der Teufel seelenruhig: „Ach, dann sag mir mal, woher du den Anwalt dazu nehmen willst?"

Der Entlassungstest

Drei Patienten einer Nervenheilanstalt stehen vor dem Entlassungstest.

„Wie viel ist zwei plus zwei?", fragt der Psychiater.

„Fünf", sagt der erste Patient.

„Mittwoch", sagt der zweite.

„Vier", sagt der dritte. Er darf nach Hause gehen.

„Wie sind Sie eigentlich auf die richtige Antwort gekommen?", fragt der Psychiater den Entlassenen, als er ihn am nächsten Tag zufällig wieder trifft.

„Ganz einfach", sagt der Mann, „ich habe nur fünf und Mittwoch zusammengezählt."

Allmächtiger!

„Mein Onkel ist Pfarrer", prahlt ein Junge. „Alle Leute reden ihn mit ‚Hochwürden' an."

„Mein Onkel ist Kardinal", meldet sich ein zweiter Junge zu Wort, „und alle sagen ‚Eminenz' zu ihm."

Ein dritter Junge winkt verächtlich ab: „Ich habe einen Onkel, der wiegt 160 Kilo. Wenn der auf der Straße geht, sagen alle: ‚Allmächtiger Gott'."

Wirklich?

Ein Mann traf in Paris zufällig seinen ehemaligen, inzwischen hochbetagten Französischlehrer. Der Lehrer schien sehr verzweifelt zu sein. „Vierzig Jahre lang", jammerte er, „habe ich in Leipzig erfolgreich Französisch unterrichtet, und hier in Paris muss ich mit Entsetzen erkennen, dass die Sprache, die ich lehrte, gar nicht Französisch war."

Der Mann versuchte ihn zu trösten: „Wie vielen Theologen mag es im Himmel ähnlich ergehen."

Die goldene Lebensregel

Nachdem ein Vater seinen Sohn für alt genug befindet, beschließt er, ihm seine „Goldene Lebensregel" zu vermitteln, und setzt das noch sehr kleine Kind auf den großen Kleiderschrank. Dann sagt er zu ihm: „Jetzt spring in meine Arme, ich fange dich auf!"

Der Junge hat große Angst.

„Na los! Komm, spring, mein Sonnenschein! Ich werde dich auffangen."

Der Junge zögert.

„Komm schon! Du kannst mir vertrauen, ich bin doch dein Vater!"

Da nimmt der Junge seinen ganzen Mut zusammen und springt. Der Vater tritt schnell zur Seite und der Junge schlägt mit voller Wucht hart auf dem Boden auf.

„Siehst du, mein Sohn", sagt der Vater salbungsvoll, „eines musst du dir im Leben unbedingt merken: Trau niemandem!"

Freundschaft

Drei Freunde befreien einen Flaschengeist.
„Zum Dank werde ich jedem von euch einen Wunsch erfüllen."

Der erste zögert nicht lange: „Ich wünsche mir eine große Farm in Argentinien, mit Wäldern und Wiesen und über tausend Rindern."

Der Flachengeist klatscht in die Hände und – schwups, sitzt der Mann auf der Terrasse einer argentinischen Hazienda.

„Was wünschst du dir?", fragt der Geist den zweiten Freund.

„Einen Palast in Saudi-Arabien mit einem Harem."

Wieder klatscht der Geist in die Hände und – schwups, befindet sich der Mann in einem saudi-arabischen Palast.

„Und nun zu dir", wendet sich der Geist an den dritten Freund.

„Welchen Wunsch soll ich dir erfüllen?"

Der Mann blickt traurig und flüstert:
„Ich möchte gerne meine beiden Freunde wieder-haben."

Die Hundemesse

Ein Mann kam zu einem Priester und bat ihn, eine Messe für seinen verstorbenen Hund zu lesen, den er über alles geliebt hat. „Wir feiern keine Messe für Hunde", empörte sich der Priester, „fragen Sie doch bei den Protestanten um die Ecke, ob die Ihnen eine Messe lesen!"

Der Mann war schon dabei zu gehen, da sagte er noch: „Schade, mein Hund hat mir viel bedeutet. Deswegen wollte ich für die Messe auch 2000 Euro spenden.

Da rief der Priester: „Warten Sie mal! Warum haben Sie nicht gleich gesagt, dass Ihr Hund katholisch war?"

Gerechte Entlohnung

Mullah Nasrudin besucht ein türkisches Bad.
Da er sehr ärmlich gekleidet ist, geben ihm die
beiden Angestellten nur ein winziges Stück Seife
und ein eingerissenes Handtuch. Die Massage
nach dem Bad dauert keine fünf Minuten. Doch
Nasrudin gibt beiden Angestellten je eine Gold-
münze. Noch Tage danach sprechen sie über dies
außergewöhnlich großzügige Trinkgeld.

Eine Woche später kommt der Mullah wieder.
Dieses Mal wird er wie ein König behandelt. Nach
einer halbstündigen Massage wird er mit Parfüm
eingerieben und mit höchster Ehrerbietung behandelt. Doch Nasrudin gibt beiden Angestellten
nur eine kleine Kupfermünze von äußerst gerin-
gem Wert. Beide Bedienstete schauen zuerst sich,
dann den Mullah fragend an. Nasrudin erklärt:
„Diese Kupfermünze ist für das letzte Mal. Die
Goldmünzen waren für dieses Mal."

Ein Wunder

Ein Pilger aus Lourdes wird an der Grenze nach Deutschland vom Zoll kontrolliert.

„Was ist da drin?", fragt der Zöllner, als er in einem Koffer zwei große Flaschen entdeckt.

„Geweihtes Wasser aus Lourdes", entgegnet der Mann.

Misstrauisch öffnet der Zollbeamte eine Flasche und riecht an ihr: „Aber das ist doch eindeutig Wodka!"

Da fällt der Pilger auf die Knie: „O Wunder über Wunder!"

Eile mit Weile

Till Eulenspiegel machte sich eines Tage auf den Weg zur nächsten Stadt. Auf einmal hörte er, wie sich schnell Hufgeräusche näherten, und eine Kutsche hielt neben ihm.

Der Kutscher hatte es sehr eilig und rief: „Sag schnell – wie weit ist es bis zur nächsten Stadt?"

Till Eulenspiegel antwortete: „Wenn ihr langsam fahrt, braucht ihr ungefähr eine halbe Stunde. Fahrt ihr schnell, so braucht ihr zwei Stunden, mein Herr."

„Du Narr", schimpfte der Kutscher, trieb die Pferde zum Galopp an, und schnell entschwand die Kutsche Eulenspiegels Blick. Till ging gemächlich seines Weges auf der schlechten, schlaglochübersäten Straße. Nach etwa einer Stunde sah er die Kutsche hinter einer Kurve im Graben liegen. Die Vorderachse war gebrochen. Der Kutscher von vorhin machte sich fluchend daran, die Kutsche zu reparieren. Er warf Eulenspiegel einen bösen, vorwurfsvollen Blick zu, worauf Till mit der Schulter zuckte: „Ich sagte es doch: Wenn ihr langsam fahrt, eine halbe Stunde …"

Preis-wert?

Ein Tourist will mit dem Boot über den See Genezareth fahren und fragt den Bootsmann nach dem Preis. Dieser nennt einen extrem hohen Betrag, den der Tourist entrüstet zurückweist. Darauf räumt der Bootsmann ein: „Gewiss ein ungewöhnlicher Preis. Doch ist dies auch ein ungewöhnlicher See. Auf ihm ist unser Herr Jesus gewandelt!"

Dazu bemerkt der Tourist: „Das glaube ich gerne, dass unser Herr Jesus zu Fuß gegangen ist. Bei diesen Preisen!"

Der Zauberer

Das Leibgericht Mullah Nasrudins ist ein leckerer
Auflauf, der mit Nüssen zubereitet wird. Seine
Frau hatte ihm das Gericht versprochen, und nun
wollte der Mullah die Nüsse dafür aus dem Nuss-
krug holen. Er fasste tief in den Krug und ergriff
so viele Nüsse, wie er nur fassen konnte. Als er
seinen Arm herausziehen wollte, gelang ihm das
aber nicht. So sehr er auch zog und zerrte, der
Krug wollte seinen Arm nicht mehr freigeben.
Er jammerte und fluchte, aber nichts half. Seine
Frau zog schließlich auch aus Leibeskräften am
Krug, aber sie konnte ihn nicht befreien.

So wurden die Nachbarn zu Hilfe gerufen; die
beobachteten aber nur belustigt das Geschehen.
Bis einer von ihnen vortrat und sich von Nasrudin
erklären ließ, wie er in diese missliche Lage gekommen war. Dann sagte der Nachbar: „Ich kann
dir helfen. Dafür musst du aber genau das tun,
was ich dir sage."

Der Mullah versicherte: „Ich tue alles, wenn
ich nur wieder freikomme."

Der Nachbar forderte den Mullah als Erstes auf, seinen Arm ganz tief in den Krug hineinzuschieben. Der Mullah fand das sehr seltsam, denn schließlich wollte er ja die Hand aus dem Krug heraus, und nicht noch weiter hineinbekommen. Aber er tat, wie ihm geheißen. Dann sagte der Nachbar, der Mullah solle nun die Nüsse loslassen. Der Mullah war ärgerlich, denn er wollte doch schließlich die Nüsse für sein Leibgericht. Widerwillig tat er, was der Nachbar forderte.

„Und nun mach deine Hand ganz schmal und zieh sie heraus."

Der Mullah tat's – und war frei. Aber zufrieden war er nicht. „Ich bin jetzt zwar vom Krug befreit, aber ich habe keine Nüsse!"

Da ergriff der Nachbar den Krug, kippte ihn um und ließ zahlreiche Nüsse herausrollen.

Nasrudin stand mit weit aufgerissenen Augen da und rief: „Sag, bist du ein Zauberer?"

Alzheimer

Ein altes Ehepaar sitzt vor dem Fernsehapparat.
Als Werbung kommt, steht die Frau auf, um in
die Küche zu gehen. Der Mann sagt: „Bring mir
bitte aus dem Kühlschrank ein Stück Torte mit,
leg etwas Vanilleeis dazu und gieß einen Schuss
Himbeergeist darüber. Aber schreib dir das auf,
sonst vergisst du es wieder."

„Meinst du, ich hätte Alzheimer?", erwidert
die Frau entrüstet und verschwindet in der Küche.
Nach einer Weile kommt sie mit einem Teller zurück, auf dem zwei Spiegeleier liegen.

Sagt der Mann: „Ich wusste, du vergisst den
Speck!"

Durchgefallen

Schon vor seinem Tod gab es Legenden über den
großen Theologen Karl Barth. Man sagte, er habe
nur darum so lange gelebt, weil Gott neugierig
war, was Er über sich noch alles erfahren werde.

Schließlich ist Karl Barth aber doch gestorben. Nun klopft er an die Himmelspforte, und Petrus, der ihn natürlich sofort erkennt, heißt ihn freudig willkommen. Um der Ordnung zu genügen, stellt er ihm schnell die üblichen Fragen, seinen Glauben und sein Leben betreffend. Aber Barth greift die Glaubensfragen energisch auf, stellt Gegenfragen und beginnt einen Disput. Petrus hat keine Zeit, da es schon wieder an der Himmelstür klopft, und bittet so den Erzengel Michael, den schwierigen Ankömmling besser doch gleich direkt zum Heiligen Geist zu führen, damit der disputfreudige Barth zufriedengestellt werde.

Nach einer halben Stunde hört Petrus hinter einer Wolke ein immer heftiger und lauter werdendes Gespräch. Plötzlich tritt der Erzengel Michael kopfschüttelnd und verstört hervor. „Was ist passiert?", fragt Petrus erschrocken. „Karl Barth ist doch nicht etwa durchgefallen?"

„Nein, nein", stammelt der Erzengel, „er nicht – aber der Heilige Geist."

Bombige Logik

Ein Mathematiker, eingeladen zu einem Kongress in die USA, hat große Angst, dass sich eine Bombe an Bord des Flugzeugs befinden könnte, und berechnet die Wahrscheinlichkeit. Er errechnet, dass die Wahrscheinlichkeit eins zu hundert Millionen beträgt, und überlegt, wie er das Risiko senken könne. Nach drei Tagen findet er die Lösung: Er nimmt selbst eine Bombe mit, denn die Wahrscheinlichkeit, dass zwei Bomben an Bord eines Flugzeugs sind, beträgt ein Hundertmillionstel mal ein Hundertmillionstel, und mit einem solch geringen Risiko lässt es sich beruhigt fliegen.

Die Grabrede

Drei alte Männer sitzen auf einer Parkbank. Fragt der erste: „Was hättet ihr denn gerne, dass eure Angehörigen auf eurer Beerdigung über euch sagen?"

Antwortet der zweite: „Ich fände es gut, wenn sie sagen würden, dass ich ein netter Kerl war und immer gut für meine Familie gesorgt habe."

„Ja", sagt der erste, „das fände ich bei meiner Beerdigung auch gut."

„Ich wünsche mir", sagt der dritte, „dass bei meiner Beerdigung einer sagt: ‚He, schaut mal, er bewegt sich!'"

Der tanzende Lachs

Mullah Nasrudin sitzt am Fenster und langweilt sich. Da kommt ihm eine Idee, und er ruft einem Bekannten, der zufällig unten auf der Straße vorbeiläuft, zum Ulk zu: „He, Saaid, lauf schnell zum Marktplatz. Dort tanzt ein Lachs!"

Zu Nasrudins Verwunderung beschleunigt Saaid seine Schritte und eilt tatsächlich Richtung Markt. Unterwegs erzählt er allen Passanten die aufregende Nachricht. Nach kurzer Zeit wälzt sich das halbe Dorf Richtung Marktplatz.

Nasrudin sieht der größer werdenden Menschenmasse mit wachsender Verblüffung zu. Dann greift er nach seinem Stock und ruft seiner Frau zu: „Ich gehe zum Marktplatz. Wer weiß, vielleicht tanzt dort wirklich ein Lachs."

Das verschlossene Tor

„Ich habe jede Nacht den gleichen Traum", erzählt der Patient seinem Psychiater. „Ich stehe vor einem riesigen Tor, auf dem mit großer, roter Schrift ein Wort steht, und ich drücke und drücke, aber es geht nicht auf."

„Komischer Traum", erwidert der Psychiater. Und nach einigem Nachdenken fragt er: „Was steht denn auf dem Tor?"

„Ziehen!"

Das Glück

„Das Glück ist ein Schmetterling", sagt der Meister. „Jage ihm nach, und er entwischt dir. Setze dich hin, und er lässt sich auf deiner Schulter nieder."

„Was soll ich also tun, um das Glück zu erlangen?"

„Hör auf, hinter ihm her zu sein."

„Aber gibt es nichts, was ich tun kann?"

„Du könntest es wagen, dich ruhig hinzusetzen."

Charakter: Sie haben ein eher schweigsames Wesen und fühlen sich nur im feuchten Element so richtig wohl. Wo andere ins Schwimmen geraten, leben Sie erst richtig auf. Manchmal sind Sie leider etwas unbedenklich und lassen sich leicht ködern. Prüfen Sie diesen Monat die Angebote, die man Ihnen macht, genau – denn oft ist ein Haken an der Sache.

Finanzen: Finanziell fischen Sie leider mal wieder im Trüben. So ist ein Trigon von Venus zum Mars bereits vor zwei Wochen unbemerkt an Ihnen vorübergegangen, das wäre genau der richtige Zeitpunkt für den Erwerb von Kommunalobligationen gewesen. Ansonsten gilt: Achtung vor Kredithaien! Gegen Ende des Monats findet ein Bankirrtum von 5 ff zu Ihren Gunsten statt.

Gesundheit: Viele Fische-Geborene leiden an massiven Schuppenproblemen. Damit werden Sie sich leider abfinden müssen.

Spirituelle Entwicklung: Spätestens im Mai werden Sie beim Anblick Ihrer Sommerbekleidung vom letzten Jahr verbunden mit der Erkenntnis, dass sie nicht mehr passt, einen deutlichen Abbau Ihres Egos erfahren.

Liebe/Partnerschaft: Es droht eine kurze Romanze mit einer etwas übergewichtigen Waage. Sehr lustig wird es nicht, aber möglicherweise bauen Sie dabei Karma ab.

Gefahren: Achtung! Gegen Mitte des Monats fällt Ihnen eine 24-Stück-Packung tiefgefrorener Fischstäbchen auf den linken Fuß.

Allgemeine Tendenz: Positiv, weil demnächst endlich Ihr Mondknoten platzt.

Der Todesengel

Der Jude Jakob liegt im Sterben. Er ruft seine Frau Sarah zu sich: „Schmink dich, zieh dein schönste Kleid an, lege deinen besten Schmuck um."

Sie tut es, kommt wieder und fragt: „Warum sollte ich mich schön machen?"

Darauf entgegnet Jakob: „Weißt du, gleich kommt der Engel des Todes zu mir. Aber vielleicht gefällst du ihm ja jetzt besser als ich …"

Wohin geht die Reise?

Als der große indische Weise Ramana Maharshi im Sterben lag, kam ihm das Klagegeschrei seiner Anhänger zu Ohren. Er fragte einen seiner Schüler: „Warum seid ihr alle so verzweifelt?"

Der Schüler antwortete: „Weil du uns verlässt, Meister."

Ramana wandte sich verwundert an den Schüler: „Aber wo denkt ihr, dass ich hingehen könnte?"

Sprüche

Jeder Mann braucht im Leben drei Frauen:
die Mutter, die Ehefrau – und wenigstens eine,
die ihn für einen Mann hält.

Wenn wir aus unseren Fehlern lernen würden,
dann wäre ich ein Genie.

Du wirst nie ein Mann wie deine Mutter.

Bloß weil du unter Verfolgungswahn leidest,
musst du nicht glauben, dass sie nicht hinter dir
her sind.

Eines Tages wird es noch den Facharzt für
humane Medizin geben.

Das Leben eines Mannes teilt sich in drei Phasen:
    1. Er glaubt an den Weihnachtsmann.
    2. Er glaubt nicht an den Weihnachtsmann.
    3. Er ist der Weihnachtsmann.

Wenn jemand, den du nicht kennst und der
dich nicht kennt, dir von etwas erzählt, was er
nicht kennt, dann bist du in einer Kirche.

Okay: Der Teufel steckt im Detail. – Wo steckt Gott?

Ich habe eine Diät gemacht –
in zwei Wochen verlor ich 14 Tage.

Am Anfang ein Knall, am Ende ein Knall –
die Menschheit ein Zwischenfall.

Ich wäre gar nicht paranoid, wenn mich nicht alle
ständig auf dem Kicker hätten.

Gott ist schwarz.
Ja, das ist Sie wirklich.

Wer keinen Spaß versteht, den sollte man nicht
ernst nehmen.

Wenn du nicht schlafen kannst, zähl keine Schafe,
sondern sprich mit dem Hirten!

Genieße das Leben beständig, denn du bist länger
tot als lebendig.

Und wenn wir nicht gestorben sind, müssen wir
dran glauben.

Narzissmus-Sprüche

– Mir geht nichts über mich.

– Gibt es intelligentes Leben auf der Erde?
  Oder bin ich allein hier?

– Ich war Atheist, bis ich merkte, dass ich Gott
  bin.

– Ich lasse anderen gerne das letzte Wort, vorausgesetzt, es lautet „ja".

– Mir ist kein Opfer zu groß, das andere für mich
  tun können.

– Ich mag Menschen, die frei heraus sagen, was
  sie denken, vorausgesetzt, sie denken dasselbe
  wie ich.

– Früher war ich eingebildet, heute weiß ich,
  dass ich genial bin.

– Nur der Papst und ich sind unfehlbar ... bei
  ihm bin ich mir allerdings nicht ganz sicher.

– Die Frage eines Nachfolgers für mich kam auf.
  Ich dachte: Wie wäre es mit Gott?

– Bei mir kann jeder machen, was ich will.

– Ich weiß, ich bin nicht der Nabel der Welt –
  aber vermutlich ihr Zentrum.

– Ich würde meine Fehler ja zugeben, wenn ich
  welche hätte.

– Ich kenne niemanden, der so oft recht hat
  wie ich.

– Jeder Mensch hat ein Recht auf meine Meinung.

– Meine Demut ist mein ganzer Stolz.

– An der Spitze stehen ist mir immer noch zu
  weit hinten.

– Wir sind alle Würmer – nur glaube ich,
  dass ich ein Glühwürmchen bin.

– Gegensätze ziehen sich an. Kein Wunder,
  dass ich ein Magnet für Idioten bin.

– Natürlich gibt es intelligentes Leben auf der Erde – allerdings bin ich nur zu Besuch hier.

– Manchmal versuche ich schon, bescheiden zu sein. Aber dann fehlen mir dazu die Argumente.

– Was sagt ein Narzisst zum Taxifahrer? – Fahren Sie mich irgendwohin, ich werde überall gebraucht!

Letzte Worte

eines Autofahrers:

Wenn das Schwein nicht abblendet, ich tue es auch nicht!

eines Ballonfahrers:

Ach was, Hochspannungsleitungen sind kein Problem.

eines Bergsteigers:

Waren gar nicht mal teuer, diese Karabiner-haken.

eines Bombenentschärfers:

Ich knips jetzt das rote Kabel durch.

eines Blinden:

Ist's schon grün?

eines Chefs:

Tolles Geschenk, so ein Feuerzeug in Revolver-form!

eines Briefträgers:
> Braves Hündchen.

eines Copiloten:
> Was meinst du mit „Ich hab vergessen zu tanken"?

eines Ehemannes:
> Ach – gestern war unser Hochzeitstag?

eines Elektrikers:
> Ja, die Sicherung ist draußen!

eines Fahrlehrers:
> Parken Sie bitte dort an der Kaimauer.

eines Fahrradfahrers:
> Guck mal, ich kann freihändig fahren!

einer Forelle:
> Alles in Butter!

einer Freundin:
> Hast du zugenommen?

eines Gastes im Restaurant:

Ich nehme das Pilzragout.

eines Gerichtsvollziehers:

Der Revolver wird natürlich auch beschlagnahmt.

eines Handgranatenwerfers:

Bis wie viel, sagten Sie, soll ich zählen?

eines Henkers:

Was, das Fallbeil klemmt? Ich schau mal nach.

eines LKW-Fahrers:

Diese alten Holzbrücken halten ewig.

eines Mensakoches:

Merkwürdig ruhig da draußen.

eines Pilzsammlers:

Keine Angst, ich kenne mich aus mit den Dingern!

eines Minensuchhundes:
   Was ist denn das für ein komischer Igel?

eines Polizisten:
   Sechs Schuss, er hat keine Munition mehr!

einer Putzfrau:
   Ich putze nur noch schnell das Balkongeländer.

eines Sportlehrers:
   Alle Speere zu mir!

eines Urlaubers:
   Einmal Miami, bitte!

eines Wattwanderers:
   Oh – meine Uhr ist stehen geblieben.

eines Zahnarztes:
   … und das ist mein neuer Laserbohrer.

Zitate

Lasst uns das Leben genießen, solange wir es
nicht begreifen.   *Kurt Tucholsky*

Führe mich nicht in Versuchung. Ich finde den
Weg allein.   *Rita Mae Brown*

Ein Mann, der nachgibt, obwohl er recht hat,
ist ein Weiser oder verheiratet.   *John Cummings*

Gott beantwortet alle Gebete – aber die meisten
mit nein.   *Barbara Feinstein*

Was ist von einer Gesellschaft zu halten, für die
Gott tot ist und Elvis lebt?   *Irv Kupcinet*

Wer quer denkt, darf schon mal schiefliegen.
                                                              Wolfgang Neuss

Die große Frage, die ich trotz meines dreißig-
jährigen Studiums der weiblichen Seele nicht zu
beantworten vermag, lautet: „Was will eine Frau
eigentlich?"   *Sigmund Freud*

Eigentlich mag ich die Wirklichkeit nicht, aber
sie ist der einzige Ort, wo man ein gutes Steak
bekommt. *Woody Allen*

Der einzige Unterschied zwischen mir und
einem Verrückten besteht darin, dass ich nicht
verrückt bin. *Salvador Dalí*

Das Beste, was das Christentum hervorgebracht
hat, sind seine Ketzer. *Ernst Bloch*

Das eigentliche Abenteuer beginnt erst auf dem
Sterbebett. *Oliver Hassencamp*

Es ist schade, dass es keine Sünde ist, Wasser zu
trinken, wie gut würde es schmecken.
Georg Christoph Lichtenberg

Letzte Nacht hat mir eine Stimme zugeflüstert:
„So etwas wie eine Stimme, die nachts flüstert,
gibt es nicht!" *Haidar Ansari*

Nur der Oberflächliche kennt sich selbst.
Oscar Wilde

Das Leben sollte mit dem Tod beginnen, nicht andersherum. Zuerst gehst du ins Altersheim, wirst rausgeschmissen, wenn du zu jung wirst, spielst danach ein paar Jahre Golf, kriegst eine goldene Uhr und beginnst zu arbeiten. Anschließend geht's auf die Uni. Du hast inzwischen genug Erfahrung, das Studentenleben richtig zu genießen, nimmst Drogen und säufst. Nach der Schule spielst du fünf, sechs Jahre, dümpelst neun Monate in einer Gebärmutter und beendest dein Leben als Orgasmus.

Donald Sutherland

Gott sei Dank bin ich Atheist.

Luis Buñuel

Ich vergesse nie ein Gesicht, aber in Ihrem Fall mache ich eine Ausnahme.

Groucho Marx

Das Schlimme an der Suche nach der Wahrheit ist, dass man sie am Ende findet.

Romy de Gourmont

Ich weiß nicht, wohin Gott mich führt; aber wenn Er diese Richtung beibehält, schlage ich vor, dass Er allein weitergeht.

Bruno Bettelheim

Anderen eine Grube zu graben ist anstrengend,
doch es zahlt sich fast immer aus.   *D. H. Lawrence*

Manche Bücher entfalten erst im Kamin ihr volles
Aroma.   *Manuel Vázquez Montalbán*

Wer meint, Jesus sei freiwillig zu den Menschen
gekommen, kennt seinen Vater schlecht.
G. K. Chesterton

Das Denken ist zwar allen Menschen erlaubt, aber
vielen bleibt es erspart.   *Curt Goetz*

Wer andern eine Kirche baut, muss selbst hinein.
Reiner Uthoff

Es gibt keine Antwort. Es wird keine Antwort
geben.
Es gab niemals eine Antwort. Das ist die Antwort.
Gertrude Stein

Es gibt Momente, da möchte man die ganze
Menschheit aufknüpfen und mit der Farce ein
Ende machen.   *Mark Twain*

Gott wird mir vergeben, weil das sein Beruf ist.

Heinrich Heine (auf dem Sterbebett)

Das Menschengeschlecht kann nicht viel Wirklichkeit ertragen.

T. S. Eliot

Ja, die Welt ist eine Illusion.
Aber die Wahrheit wird dort zu allen Zeiten
gezeigt.

Subhani

Wer ist mächtiger als der Tod?
Wer da kann lachen, wenn er droht.

Friedrich Rückert

Am Ende ist alles ein Witz.

Charlie Chaplin

Es ist alles lächerlich, wenn man an den Tod
denkt.

Thomas Bernhard

Falls ihr glaubt, ich hätte etwas Tiefsinniges ent-
hüllt, bitte ich um Verzeihung. Falls ihr glaubt,
dies sei eine Menge Unsinn, erfreut euch daran!

Drukpa Künleg